Insa Hohmann | Katharina Hohmann
Fritz von Klinggräff

111 Orte am Lago Maggiore, die man gesehen haben muss

111

emons:

Bibliografische Information der Deutschen Nationalbibliothek
Die Deutsche Nationalbibliothek verzeichnet diese Publikation in der Deutschen Nationalbibliografie; detaillierte bibliografische Daten sind im Internet über http://dnb.d-nb.de abrufbar.

FSC www.fsc.org
MIX
Papier aus verantwortungsvollen Quellen
FSC® C043106

Covergestaltung: Karolin Meinert
Lektorat: Julia Lorenzer
Gestaltung: Eva Kraskes, nach einem Konzept von Lübbeke | Naumann | Thoben
Kartografie: altancicek.design, www.altancicek.de
Kartenbasisinformationen aus Openstreetmap,
© OpenStreetMap-Mitwirkende, ODbL
Druck und Bindung: Grafisches Centrum Cuno, Calbe
Printed in Germany 2024
ISBN 978-3-7408-2118-0

Vorwort

Liebe Leserinnen und Leser,

rund um den Lago Maggiore wollen wir Sie mitnehmen und eine Perlenschnur an Orten auffädeln, die dem See so vielfarbig seine Facetten geben – sogar echte Perlen finden Sie hier! Die Reise beginnen wir mit römischem Brot, den roten Wein der Hügel von Angera trinken wir dazu, danach einen Espresso aus der berühmten Moka, während Volta im Schilf seine blubbernden Gas-Experimente macht und die Burg der Visconti – trotz der Verbreitung unzähliger Schlangen-Medaillons als Machtinsignien – längst in die Hand der Borromäer gelangt ist. Gelb leuchtet der Safran im Risotto und rosa der Granit aus Baveno. Schirme, Hüte und Pfeifen hängen an unserer Kette, die aber nicht – wie bei Lusetti – aus einem Stück Stein gemeißelt ist.

Aber zurück zum Setting: Die Bewegung der Kontinentalplatten hatte das Alpenmassiv aufgefaltet, und ein Fluss hatte sich bereits ein tiefes Bett gegraben, noch ehe die Gletscherströme der Eiszeit den See formten. In diesem geologischen Rahmen zwischen Alpen und Meer machte der Lago Maggiore mit seinen Bewohnern schon lange Geschichte, bevor im 19. Jahrhundert die Simplon-Bahn eine neue Gattung von Reisenden an seine Ufer brachte: Dichter, Aristokraten, Reiche, die Villen bauten und Parks anlegten.

Längst zuvor gab es da schon eine Tradition des Handwerks, das von der alten Golasecca-Kultur über Generationen sich evolutiv an die jeweils neuen Zeiten anpasste: Kleinindustrien siedelten sich an – Textilien, Keramik, Glas, Munition –, Mailand war ihr Handelsort, und auch Schmuggler sorgten für regen Warentausch zwischen Italien und der Schweiz. Erbitterte Kämpfe wurden an den Ufern und in den umliegenden Tälern geführt, und dieser so schön in allen Blautönen schillernde Wasser-Raum war durchaus auch politischer Brennpunkt: mit den zwei internationalen Konferenzen von Locarno und Stresa zum Beispiel – als Wendepunkte für ganz Europa.

111 Orte

1 Das archäologische Museum

Der Duft des Brotes

Die Wolfshöhle, La Tana del Lupo, liegt unzugänglich am Fuß des schroffen Burgbergs der Rocca d'Angera. Gemeint ist nicht das Tier, sondern ein gefährlicher Seeräuber, *il lupo*, der sich hier versteckt haben soll. An der Decke wurden Spuren von roter und schwarzer Farbe entdeckt, vermutlich handelt es sich um prähistorische Handabdrücke. Sie sind – ebenso wie ein paar Fundstücke, Klingen, Schaber und Speerspitzen aus Feuerstein – aus der Zeit, als sich die Gletscher zurückzogen, dem Jungpaläolithikum um 21.000 vor Christus. Anhand von Spuren kann menschliche Präsenz auch im Neolithikum und in der Bronzezeit nachgewiesen werden, und es gibt sogar Hinweise darauf, dass die Höhle in römischer Zeit als Mithras-Heiligtum genutzt wurde, also dem Sonnengott Mithras gewidmet war.

Auf den Handelswegen von den Alpenpässen in die lombardische Ebene war Angera eine wichtige römische Station, bezeugt durch die rechtwinklige Anlage der Straßen.

Das engagierte archäologische Museum zeigt eine Sammlung von Gegenständen dieser Zeitschichten, wie auch jene aus einer römischen Nekropole: Grabbeigaben, Glas-, Keramik- und Metallobjekte, Öllampen, Münzen und Schmuck. Aus dem frühchristlichen Friedhof stammt eine Marmorplatte aus dem 6. Jahrhundert mit einer Inschrift auf Griechisch: die Grabstele des Kaufmanns Maraotes, geboren in Syrien, der hier lebte und begraben wurde. Der Fund bestätigt die große Mobilität der Völker in der gesamten bewohnten Welt seit der Antike.

Besonders stolz aber ist man hier, im zentral gelegenen Palazzo aus dem 15. Jahrhundert, auf die ausgestellten Brotfunde, die trotz ihrer 2.000-jährigen Geschichte außerordentlich gut erhalten sind. Es sind die meisten nach Pompeji! Die Bestandteile der Brote, verschiedene Getreidesorten, Kastanien und Bierhefe, wurden rekonstruiert, und man backt es nun wieder: das Pane di Angera im Panificio Giombelli!

Adresse Civico Museo Archeologico, Via Guglielmo Marconi 2, I-21021Angera | **Anfahrt** Autostrada dei Laghi, Ausfahrt Sesto Calende, dann SS 629 Richtung Angera | **Öffnungszeiten** im Sommer Do 10–13 Uhr und So 14.30–18 Uhr | **Tipp** Etwa 500 Meter entfernt, im Panificio Giombelli in der Via Mario Greppi 83, kann donnerstags und samstags frisches, nach römischer Rezeptur hergestelltes Pane di Angera gekauft werden.

2 Die Borromäer

Von Menschen und Puppen

2015 war die Rocca d'Angera Schauplatz eines glänzenden Festes: Beatrice Borromeo feierte Hochzeit mit Pierre Casiraghi von Monaco. Die Straßen waren gesperrt, und die Menschen standen Spalier, mit Blumen winkend. Schönen Damen in eleganten Kleidern kann man auch im Puppenmuseum in der Burg von Angera begegnen. Sie stammen aus der Sammlung der Fürstin Bona Borromeo Arese. Um unzählige mechanische Figuren ergänzt, ist sie eine der bedeutendsten Spielzeugsammlungen in Europa, mit Exponaten von 1700 bis heute.

Von der Festung aus, weit sichtbar auf einem Felsen über einem wilden Steilabbruch gelegen, in dem der typische rosa leuchtende Kalkstein abgebaut wurde, kontrollierte man schon seit der Antike den wichtigen Handelsweg über den See. Im 12. Jahrhundert erbaut, später erweitert, gelangte sie nach der Schlacht von Desio 1277 um die Vorherrschaft in Mailand in den Besitz von Ottone Visconti. Dessen Geschichte wird in großartig realistischen Fresken im Gerichtssaal erzählt, begleitet von einem rätselhaften Zodiak, also Tierkreis, der die historischen Ereignisse in einen fatalistischen astronomischen Zusammenhang stellt: *Niente accade che Dio non voglia.* (Nichts geschieht, was Gott nicht will). Sie wurden von dem anonymen »Meister von Angera« geschaffen, einem wichtigen Maler der lombardischen Gotik.

Die Feudalherrschaft in Angera wurde 1449 an die Familie Borromeo übertragen, eine der reichsten Bankiersfamilien des 15. Jahrhunderts, heute noch Besitzer der Borromäischen Inseln, von Parks und großen Ländereien. Um 1600 wurde die Burg in einen fürstlichen Wohnsitz verwandelt, und im Sommer wohnen Familienmitglieder in exklusiven Zimmern auf der Burg oder einer der Inseln. Denn sie verwalten ihren Besitz bis heute selbst. Mittlerweile in eine Handelsgesellschaft verwandelt, wirbt das Unternehmen der Borromäer mit dem Slogan: *Terre Borromeo è un brand!*

Adresse Rocca d'Angera, Via Rocca Castello, I-21021 Angera, www.isoleborromee.it | **Anfahrt** Autostrada dei Laghi, Ausfahrt Sesto Calende, dann SS 629 Richtung Angera, Rocca ausgeschildert | **Öffnungszeiten** ab März täglich 10–17.30 Uhr | **Tipp** Direkt an der Burg gibt es einen Mittelalter-Garten, der aufgrund alter Dokumente und Miniaturen mit großer Kompetenz angelegt wurde. Auch der kleine Imbiss über dem See ist empfehlenswert.

3 Die Cascina Piano

Das einzige Weingut am Lago Maggiore

»Von strohgoldener Farbe mit einem Duft nach Blumen und Pfirsichen«, so lyrisch beschreiben die Winzer des kleinen Weinguts Cascina Piano einen ihrer Weine. Kaum eine Fachsprache ist so phantasievoll wie jene der Önologen!

Der 410 Meter hohe Hügel San Quirico ist bis oben hin terrassiert, was auf eine alte Tradition des Weinbaus zurückgeht. Die Ernten der kleinteiligen Weinberge wurden meist zum Eigenbedarf der immer weniger werdenden Kleinbauernfamilien genutzt oder aber in die Distilleria Rossi d'Angera gebracht, die verschiedene Grappasorten herstellt. Seit 2003 versucht sich der ehemalige Firmenmanager Franco Berrini nun in den Weinbergen seiner Vorfahren am Anbau und der Verarbeitung von angestammten alten, aber auch eigens ausgesuchten Trauben, die er in den vormals vernachlässigten Weinbergen ansiedelt und zu neuem Leben erweckt: beim Rotwein die Nebbiolo- und die Croatina-Traube. Beim Weißwein gab es keine einheimische Sorte, was im Prinzip einen Neubeginn auf Grundlage der Chardonnay-Traube bedeutete. »Das milde Klima und die Beschaffenheit des Bodens sind optimal«, sagt Berrini, »die Vielzahl der wilden Kräuter zwischen den Rebstöcken verleiht dem Wein noch zusätzlich eine besondere Note.«

Das kleine Team des Weinguts, zu dem auch Berrinis Tochter Francesca gehört, macht alles selbst und in Handarbeit, vom Ernten bis zum Verkorken. Ihre Kunst ist als Beitrag zum kulturellen Erbe des Verbano-Gebiets zu verstehen, was auch in den hübschen Etiketten aufscheint: Alte Landkarten und Fotos von Fresken zeigen den jeweiligen Namen des Weins und dazu den Kontext. Den »San Quirico« schmückt das Bild des Kinderschutzheiligen in der Kirche von Capronno, den preisgekrönten Dessertwein »Mott Carè« ziert ein Fresko aus der Pfarrkirche in Angera, das auf die Vertreibung aus dem Paradies hinweist – wohl nach einer unwiderstehlichen Weinverkostung.

Adresse Azienda Agricola Cascina Piano, Via Val Castellana 33, I-21021 Angera, www.cascinapiano.it | **Anfahrt** ab Angera der Via Varesina folgen, in die Via Val Castellana abbiegen und die enge Straße weiter in die Weinberge hinauffahren | **Öffnungszeiten** täglich 9–18 Uhr | **Tipp** Weinverkostungen und Treffen mit Sommeliers sind im nahen Agriturismo »Azienda Agricola e Ristorante Il Vecchio Castagno« in der Via Varesina 87 möglich. Dort kann man Lebensmittel aus der eigenen Produktion probieren, Käse, Wurst und hervorragendes Speiseeis kaufen und Kurse im Käsemachen oder Wolleverarbeiten buchen (www.ilvecchiocastagno.it).

4 Das Inselchen Partegora

Alessandro Volta, das Genie im Schilf

Die winzige Insel Partegora liegt in der stillen, schilfbestandenen Bucht von Angera und ist ein Paradies für viele Vogelarten und Seerosen. Die Sage erzählt von einer schönen Jungfrau, die sich hierher geflüchtet hatte, um der Hochzeit mit einem bösen Tyrannen zu entgehen. Dieser spürte sie auf und verfolgte sie über den See – bis der Himmel einen furchtbaren Blitz sandte und ihn in den »Sass Margunin« verwandelte. Dieser Findling aus der Eiszeit wird nur in Zeiten großer Trockenheit sichtbar, wenn der See einen Tiefstand erreicht. Früher bedeutete das Hunger und Not, weil der Mais – im Dialekt »margun« – vertrocknete und Missernten drohten. Der heilige Arialdo, so erzählt eine andere Legende, kämpfte gegen die Korruptheit des katholischen Klerus und wurde von den Schergen des Mailänder Erzbischofs 1066 auf der Insel getötet. Jährlich am 27. Juni feiert Angera den Heiligen mit einer nächtlichen, von Fackeln erleuchteten Bootsprozession. Auf der anderen Seite der Bucht liegt die Oasi della Bruschera, ein ausgedehntes Naturschutzgebiet, in dem man hübsch wandern kann. Sogar wild lebende Schildkröten kann man beobachten, die sich auf halb versunkenen Baumstämmen sonnen.

Keine Sage ist, dass Alessandro Volta, der Physiker aus Como (1745–1827), auf dem winzigen Inselchen Partegora eine spektakuläre Entdeckung machte: das Naturgas Methan. Auf einer Bootsfahrt in die Bucht im Jahr 1776 bemerkte er Blasen, die aus dem Röhricht aufstiegen und einen starken Geruch verströmten. Im sumpfigen Schilfgürtel am Inselufer fing er das Gas in Glasbehältern ein. Es war brennbar, und Volta nannte es *l'aria infiammabile*, entzündbare Luft. Er begann mit dem Gas zu experimentieren und entwickelte Lampen mit langer Brenndauer.

Zu Ehren Voltas, dessen erfolgreichste Erfindung die Batterie ist, wurde die elektrische Spannung international »Volt« genannt. Seit 1964 trägt ein Mondkrater seinen Namen und seit 1999 ein Asteroid, und sein Bild schmückte sogar die letzte 10.000-Lire-Banknote.

Adresse I-21021 Angera; Isola Partegora vom westlichen Teil der Uferpromenade von Angera sichtbar | Anfahrt nur mit dem Boot erreichbar; Bootsverleih in Angera: Noleggio barche, Viale Pietro Martire 15 | Tipp Bei einem Spaziergang durch die doppelreihige Kastanienallee mit Blick auf Arona lohnt sich der Besuch der Kirche Madonna della Riva mit dem wundertätigen Fresko von 1443. Speisen lässt sich unter den Kastanienbäumen im verglasten Restaurant Miralago oder auf der Sonnenterrasse in der Richtung Ranco am See gelegenen Pizzeria Damino.

5 Die Sala della Giustizia

Fake News – die Fresken im Justizsaal

Ottone Viscontis Justizsaal befindet sich weit oben in der rosafarbenen Borromäerburg von Angera. Von dort aus kann man über hölzerne Treppen nicht nur den ganzen Saal aus der Vogelperspektive bestaunen, sondern weiter hinaufsteigen, um den See zu überblicken.

Es ging um die Herrschaft in Mailand: Ottone Visconti war 1262 zum Erzbischof ernannt worden, Napo della Torre, Inhaber des höchsten Zivilamtes, wollte das jedoch nicht hinnehmen. Es kam zu kriegerischen Auseinandersetzungen – zuerst 1276 in der Schlacht von Guassera, die zu einer Niederlage der Visconti führte. Ein Jahr später gab es einen weiteren Kampf, bei dem Napo della Torre festgenommen wurde. Ottone Visconti zog als Sieger triumphal in Mailand ein – und die bürgerschaftlich verwaltete Stadt wurde seiner Herrschaft unterworfen. Sein Neffe ließ Dokumente verbrennen, die die Burg als Kirchenbesitz auswiesen, und behauptete, sie sei ererbter Besitz der Visconti. Lüge!

Die Sala della Giustizia wurde mit Fresken ausgemalt. Den Höhepunkt der Geschichte sieht man hier: Napo kniet flehend vor dem Erzbischof, der mit edelmütiger Geste den Feind zu begnadigen scheint. Falsch! In Wahrheit wurde Napo della Torre in einen eisernen Käfig gesperrt, der an einem Festungsturm bei Como aufgehängt wurde. Nach 18 qualvollen Monaten starb er dort. Die Fresken, zwischen 1314 und 1316 in warmen Farben und mit feinem Pinsel gemalt, werden dem anonymen »Meister von Angera« zugeschrieben. In Auftrag gegeben hat ebendieser Neffe Matteo Visconti sie als politisch motivierte Propaganda, um Ottone als Friedensfürsten erscheinen zu lassen, dessen glorreichen Sieg und Machtübernahme nur der Himmel selbst gewollt hatte.

Übrigens ist Guassera, das Schlachtfeld bei Ranco, von der Burg aus zu sehen. Heute ist es das Naturschutzgebiet »Parco del Golfo della Quassa« und ein ganz besonders idyllischer Ort.

Adresse Rocca di Angera, Via Rocca Castello, I-21021 Angera, www.isoleborromee.it | **Anfahrt** Autostrada dei Laghi, Ausfahrt Sesto Calende, auf der SS 629 Richtung Angera, Burg ausgeschildert | **Öffnungszeiten** Anfang März – Ende Okt. täglich 10 – 17.30 Uhr | **Tipp** Verpassen Sie die neu eingerichtete elegante Ala Scagliera nicht, die in jährlich wechselnden thematischen Ausstellungen ausgesuchte zeitgenössische Kunst zeigt.

6 Die Visconti-Schlange

Zwischen Natur und Metaphorik

Im seichten Seegewässer kann man mitunter die Würfelnatter in zierlichen Schraubenlinien durchs Wasser gleiten sehen. Die Visconti-Schlange aber ist an Mauern, Schlössern, Burgen, städtischen Gebäuden, über Torbögen und auf Fresken anzutreffen: als Wappentier. Die Bedeutung dieses gewundenen Schuppenwurmes, der eine menschliche Figur im Maul hält, die panisch im Schmerz die Arme hochreißt, bleibt ein Rätsel, das selbst Heraldikern Kopfzerbrechen bereitet. Die Visconti, eine der ältesten Adelsfamilien Italiens, kontrollierten den See schon im 7. Jahrhundert als Statthalter der Grafen von Mailand von der Festung Massino aus. Das Wappen taucht aber erst auf, als Ottone Visconti 1262 Erzbischof und 1277 Signore von Mailand wird.

Zusammen mit dem Wappen erfand man die Legende von einem Vorfahren, ebenfalls mit dem Namen Ottone, der als Kreuzfahrer einen riesigen Sarazenen im Zweikampf besiegt und danach dessen Wappen übernommen haben soll. Eine gesicherte Quelle dafür gibt es nicht. Ein heraldischer Code dieser Art war damals jedoch allen verständlich. So erhielten die noch ungesicherten Ämter Viscontis ihre genealogische Legitimation dafür, dass die neuen Herren mit Mut und Kraft den Kampf für Gerechtigkeit und gegen das Böse anzutreten erklärten.

1395 wurde Gian Galeazzo Visconti vom Kaiser in den Herzogstand erhoben, ab 1402 erscheint die Schlange gelegentlich mit Krönchen, später wird die Figur manchmal zu einem Kind umgedeutet, das die Schlange zu retten scheint. 1447 stirbt Filippo Maria Visconti ohne Erben, Herzog von Mailand wird sein Schwiegersohn Francesco Sforza. Er übernimmt die Schlange als Wappentier, die Stadt Mailand machte es ihm nach und später viele dort ansässige Firmen wie Alfa Romeo. Im 20. Jahrhundert wurde das alte Adelshaus nochmals weltberühmt – durch einen Sohn der Familie, den großen Filmregisseur Luchino Visconti.

Adresse Casa del Capitano, Via Visconti 8, I-21021 Angera | Anfahrt am Lungolago in Angera parken und hinauf in das kleine Gässchen Via Visconti | Tipp Die Gemeinde Ranco beschreibt und bebildert die Würfelnatter auf einer ihrer Schautafeln am See. Sie ernährt sich von Fischen und kann sich stundenlang in der Tiefe aufhalten. Die etwas größere Ringelnatter sucht sich ihre Beute eher im feuchten Uferbereich und ist deutlich an ihrem »Krönchen« zu erkennen. Beide Schlangen sind harmlos.

7 — Die Wiesen von Angera

Safran: das »Rote Gold« – ein Gewürz für gute Laune

Zwischen Pferdekoppeln und Eselsweiden liegt die kleine Biogärtnerei »Le Sinergie« der netten Biologin Carmela, deren Herzensanliegen der Erhalt seltener Sorten ist: weißer Wassermelonen oder der präkolumbianischen Brebbia-Bohne. Ihre große Liebe aber gilt dem Safran, der schon in der Antike zu den kostbarsten Gewürzen der Welt gehörte – was vor allem an der mühsamen Ernte liegt. Er liebt die Kälte und blüht erst spät im Jahr. Drei rotgelbe Stempelfäden überragen die sechs Blütenblätter des *Crocus sativus*. Der Safran muss noch vor Sonnenaufgang ganz behutsam aus der Blüte gelöst und gleich getrocknet werden. Man glaubt Carmela, dass sie das nötige Feingefühl dafür hat. 75 Blüten braucht die Gärtnerin für drei Gramm Safran, also für zwölf Teller Risotto alla Milanese.

Das erste überlieferte Safranrisotto-Rezept ist auf das Jahr 1574 datiert. Aus der jüdischen oder arabischen Küche stammend, wurde Safran im Mittelalter durch Händler in den Norden gebracht – um seither dem berühmtesten Mailänder Gericht seine gelbe Farbe und das feine Aroma zu geben. Glaskünstler, die an den Fenstern des Mailänder Doms arbeiteten, benutzten das Pigment, um den farbigen Bildern ihren goldenen Glanz zu verleihen. Um ein Hochzeitsmahl besonders feierlich zu gestalten, hatten sie die Idee, Safran in den weißen Reis zu rühren. Er sollte dem Brautpaar Gold und Reichtum bescheren. Außerdem enthält Safran Endorphine, die glücklich machen.

Der Physiker Ajcardo Castiglioni aus Angera hat 1810 als Erster in der Lombardei Safran angebaut, mit Zwiebeln aus dem Botanischen Garten von Pavia. Nach seinem Tod wurde das florierende Geschäft nicht mehr weitergeführt – nun aber wieder bei den »Sinergie«! In kleinen Gläschen kann der Safran hier gekauft werden.

Carmela empfiehlt, den Safran gleich beim Anrösten unter den Reis zu ziehen, weil die aufspringenden Körner ihn dann besser aufsaugen können.

Adresse Le Sinergie, Via Campo dei Fiori 37, I-21021 Angera | **Anfahrt** von Ispra oder Angera über die Via Europa/Via Varesina bis zum Kreisel (Ristorante »Il Delfino Blu«), dort in die Via Campaccio, über die Via Veneto zur Via Paludi; von Pferdeweiden gesäumt | **Öffnungszeiten** Infos siehe www.lesinergie.eu | **Tipp** Die traditionsreiche Distilleria Rossi d'Angera ganz in der Nähe in der Via Puccini 20 produziert seit 1847 Spirituosen, vor allem Grappa, von hoher handwerklicher Qualität.

8 Il Mulino del Brumo

Wo Friedrich Glauser Wachtmeister Studer begegnet

»Oh Gott, du fehlst mir auf Weg und Steg, ich irre herum wie ein sentimentales Lamm und suche dich«, schreibt der Schweizer Autor Friedrich Glauser 1919 an Elisabeth von Ruckteschell, seine »Lison«. Wenige Wochen später aber finden sie zusammen: in einer Mühle über dem Städtchen Ascona, in dem Züricher Intellektuelle zwischen den Weltkriegen – und auch noch später – in Kommunen neue Lebensmodelle ausprobieren. Aus seiner Mühle blickt der Dichter Glauser so auf hoffnungsfrohe Beispiele dafür, »dass die menschliche Gesellschaft [...] mit einer sonst nicht vorhandenen Wahrheitsliebe ganz erträglich sich gestalten könnte«.

Am Mühlbach unter dem Nebelberg und über den Gesprächszirkeln, die ihm hin und wieder freundliche Gastgeber sind, findet der 24-jährige Dichter in der Mitte seines Lebens für einen Moment seine Ruhe. Mit Lison verbringt er ein paar halbwegs glückliche Monate, bevor er der nächsten Spirale von Sucht, Psychiatrie, Schreiben und Flucht zum Opfer fallen wird.

Jahre später, zum Ende seiner zweiten Lebenshälfte, verwandeln sich diese Glauser'schen Lebensspiralen in tobende Kreisel. Da aber hat er sich mit dem »Wachtmeister Studer« noch einen der liebenswertesten Krimi-Detektive der Weltliteratur abgerungen: Ende der 1930er Jahre wird dieser von seinem eigenen Dichter, der in einem letzten Zirkelschluss nun selbst zu Literatur wird, zu seiner einstigen Mühle gebeten, wo natürlich eine Leiche liegt. Kurz darauf stirbt der große Schweizer Schriftsteller Friedrich Glauser im Alter von 42 Jahren.

Heute trifft man an der alten Mühle mit etwas Glück einen Schlagzeuger beim Frühjahrsschnitt. Es handelt sich um Sheldon Suter, was auch ein berühmter Schweizer Name ist, und er weiß viel über sein Haus am Berg und dessen Geschichten zu erzählen. Im Juni gibt er sein jährliches kleines Festival für die Asconaer Zirkel. Ansonsten wird er meistens in Ruhe gelassen.

Adresse Strada Mulino del Brumo, CH-6618 Arcegno; Mühle in einer Kurve | **Anfahrt** am Ufer von Ronco sopra Ascona entlang, dann den steilen Berg ins Dorf hoch | **Tipp** Wenige Kilometer unterhalb der Glauser-Mühle wohnte ab 1977 Hermann Hesses Sohn Heiner ebenfalls in einer alten Wassermühle zwischen Arcegno und Ronco. Er gilt als einer der Mitbegründer der »Roten Hilfe«, für die er sich im Zweiten Weltkrieg für politisch Verfolgte engagierte.

9 Das Freiluftmuseum

Mit Neorealismus gegen die Landflucht

Arcumeggia ist eine bewohnte Freiluftgalerie für Fresken aus dem 20. Jahrhundert. Auf rund 570 Meter Höhe an den Kalkrücken des Monte Nudo gebaut, haarnadelt ein Sträßchen von Laveno in den altertümlichen Ort hinauf. Die Häuser staffeln sich schräg, um möglichst viel Sonne einzufangen. Gleichzeitig stehen sie dicht aneinandergeschmiegt und spenden im Sommer Schatten.

Im Auf und Ab der Gässchen scannt der suchende Blick die Wände nach der Fassadenkunst ab. Ganz unterschiedliche Künstlerpersönlichkeiten haben sich seit 1956 in Arcumeggia verewigt: Manche Werke sind schon dem Abstrakten verpflichtet, die meisten aber berichten im Stil des italienischen Neorealismus vom armen Leben auf dem Dorf, wie Innocente Salvinis Abendmahl-Variation »Polenta-Essen in der Familie«, sind pathetisch wie der Frühgotik entlehnt oder erzählen bisweilen in überscharfem Verismus, wie Aligi Sassus rasende »Corridori« – die »Radrennfahrer« von 1957.

Heute sind die Wandbilder in Arcumeggia größtenteils verblasst. Das verleiht ihnen eine schwebende Transparenz, die dieser Sammlung von nicht nur Meisterwerken aber eher guttut. Sie entstand, als sich die Berge um den Lago entvölkerten, weil die Bauern zu Industriearbeitern wurden. Also lud ein findiger Tourismusverbandspräsident Künstler mit überregionalem Renommee ein, um der Abwanderung etwas entgegenzusetzen. Denn: Sah man nicht seit Jahrzehnten, wie sich die Hoteliers am anderen Seeufer, beispielsweise in Stresa, an den romantisierenden Reisenden aus dem Norden goldene Nasen verdienten?

Heute leben noch 60 von einst über 300 Einwohnern in Arcumeggia, viele der restaurierten Häuser dienen als Zweitwohnungen. Von einem vollen Erfolg der Kampagne kann man also kaum sprechen. Schön ist's trotzdem. Es gibt sogar eine kleine Locanda. Von der Terrasse überblickt man das Tal und sieht in der Ferne den Lago Maggiore leuchten.

Adresse Fraktion der Gemeinde Casalzuigno, I-21030 Arcumeggia | Anfahrt 13 Kilometer von Laveno und 9 Kilometer vom Naturschutzgebiet Campo dei Fiori | Tipp Die Locanda del Pittore in der Via Malcotti 1 ist eine freundliche Gaststätte mit Terrasse und Blick übers Tal. Die Menschen dort wissen alles über die Künstler und die Fresken. Man kann in einfachen Zimmern übernachten.

10 Der Abwasserturm

Eine Kläranlage im faschistischen Baustil

Kaum zu glauben, aber noch im ersten Drittel des 20. Jahrhunderts floss das Abwasser der Dörfer am Seeufer ungefiltert in den See. In Arona gab es keine Kanalisation, sondern lediglich Senkgruben, die an die einzelnen Häuser angeschlossen waren. Mit dem in den 1930er Jahren faschistisch orientierten Norditalien und dem politisch-sozialen Wunsch nach Stadterneuerung konform gehend, spielte Arona eine führende Rolle in der Umsetzung öffentlicher Neubauten, für die manch ältere Häuser im Zentrum weichen mussten. Heute ist der Klärturm das einzige Gebäude im sachlich rationalen Stil. Der Bürgermeister Carlo Romerio beschloss, ein von dem Ingenieur Carlo Sfondrini entworfenes Bauwerk mit einer Pumpanlage zu errichten, das die Abwässer gereinigt in den See leiten sollte. Dieser Turm an der Küste, die Torre Littoria, wurde von den Einwohnern sofort respektlos *la tur da la merda*, der Scheißturm, oder *dal trinciamerda*, der Scheißhaufenturm, genannt.

Das hübsche, bis ins Detail schön ausgeführte Bauwerk des Ventennio (so werden die 20 Jahre faschistischer Herrschaft in Italien genannt) besteht aus vier Stockwerken, von denen das erste dem Pumpwerk und das oberste dem Mechanismus, der die Uhr in Bewegung setzt, vorbehalten war. Anstelle von Zahlen sind die Stunden der Uhr mit blauen Glasscheiben hinterlegt, die nachts leuchten. Alle Materialien sind wertvoll: Der Sockel besteht aus grauem Gneis – »Beola Ghiandonata« aus Ossola –, die glatten Säulen aus Granit vom Montorfano.

Heute dient das liebevoll sanierte Gebäude dazu, das Bratöl der umliegenden Restaurants zu sammeln, das anschließend in eine moderne Kläranlage transportiert wird. Der kleine Platz hinter dem Turm wurde 2018 übrigens nach dem UN-Botschafter Sérgio Vieira de Mello benannt, eine Hommage an einen Mann, der 2003 in Bagdad Opfer eines Anschlags wurde und sein Leben für den Schutz der Menschenrechte geopfert hat.

Adresse Lungolago Marconi, I-28041 Arona | Anfahrt am besten mit dem Schiff aus Angera oder mit dem Zug bis Arona (15 Minuten vom Bahnhof) | Tipp An der Piazza del Popolo findet man einen der drei »Broletti«, die es in der Provinz Novara noch gibt. Im Mittelalter war das der Ort der Rechtsprechung und der kommunalen Entscheidungen. Mit seinen gotischen Arkaden von 1280 lädt er heute zum Speisen ein.

11 Der alte Raddampfer

Eine Ausfahrt mit der »Piemonte«

Schon vom anderen Seeufer aus sieht man am Stadtrand des Städtchens Arona ein fragiles hellgraues Bauwerk mit drei Gewölbedächern auf Stelzen: die Werft. Hier werden heute noch Schiffe für den Personentransport über den Lago Maggiore gebaut.

Nicht alle Schiffe der Flotte der Navigazione del Lago Maggiore – seit 1961 verstaatlicht – stammen von hier. Manch eines, wie die »Piemonte«, gehört aber so sehr an diesen Ort, dass seine Geschichte, selbst wenn der Salondampfer einst unter dem Namen »Regina Madre« von der Firma Escher Wyss in Zürich 1903 vom Stapel lief, bis heute fest mit dem Lago Maggiore verbunden ist. In den 1940er Jahren umgetauft, verkehrte er als einer von drei Raddampfern regelmäßig zwischen Arona und Locarno. Die »Lombardia«, das zweite Schiff der Flotte, hat heute – ohne Dampfantrieb – am Quai gegenüber der Werft als Restaurant angelegt, das dritte, die »Italia«, ist längst verschrottet.

1961 eigentlich aus dem Verkehr gezogen, wurde die »Piemonte« bewusst als sogenanntes Technikdenkmal nicht nur erhalten, sondern auch modernisiert. Der Schweizer Originalantrieb ist heute wieder funktionstüchtig. Seit ihrer Generalüberholung 1965 darf sie in See stechen: als erster Raddampfer Europas, den man vor der Verschrottung bewahrte. Anfang der 1970er Jahre aber machten die schnellen Tragflügelboote, die *aliscafi*, der alten »Piemonte« Konkurrenz. Die Fahrt von Arona nach Locarno verkürzte sich auf eine gute halbe Stunde – der vom Zeitgeist bedingte Rausch der Geschwindigkeit machte auch vor dem See nicht halt. Vor Kurzem wurden jedoch die *aliscafi* aus dem Verkehr gezogen: Stimmen behaupten, sie seien zu unökologisch, andere sagen, es fehlten die Kapitäne.

Der schöne alte Salondampfer »Piemonte« aber darf weiterhin mehrmals im Jahr laut tutend Hochzeitsgesellschaften ins Abendrot auf den See entführen.

Adresse Via Francesco Baracca 1, I-28041 Arona | **Anfahrt** mit dem Auto über den Corso Repubblica zum Hafenparkplatz; mit dem Zug bis Arona, dann 2 Minuten zu Fuß; oder mit dem Schiff aus Angera | **Tipp** Kleine Personenschiffe befahren diese engste Stelle des Sees – zum Beispiel um die bunten Märkte in Arona (Dienstag) oder in Angera (Donnerstag) zu besuchen oder Schüler und Arbeitende auf die andere Seeseite zu befördern (www.navigazionelaghi.it).

12 Das Denkmal des Schiffers

Für Gaudenzio Pizzetta, den Letzten seiner Art

Er wartet schon auf seine Fahrgäste. Mit freundlichem Blick unter der Schiffermütze, lässig auf seinem steinernen Boot sitzend, die Tabakspfeife in der bronzenen Hand. Er wird hier auch morgen warten. Und wird erzählen von einem Fährverkehr, der noch von der Muskelkraft der Schiffer geprägt war. Gaudenzio Pizzetta, gestorben 1964, war der letzte dieser Schiffer, die ihr ganzes Berufsleben auf dem See verbrachten. Der Bildhauer Edmondo Poletti setzte ihnen hier am Lungolago von Arona ein Denkmal.

Mit soliden, schlanken Booten ruderten Pizzetta und seine Kollegen bis zu zehn Personen auf einmal über den See – frühmorgens schon, wenn die Bauern aus dem Vergante sich mit Obst und Gemüse zum Markt nach Angera aufmachten. Und noch spätabends ging es ein letztes Mal in die gleiche Richtung, um die singenden Angeresi vom Tanz in Arona ins Bett zu verfrachten. Viele ihrer Fährboote – jene aus der Produktionsserie »Renzo e Lucia« – waren sogar mit Planen überdacht. Durch ihren weißgrünen Anstrich, die Farben Aronas, waren sie weithin erkennbar. Ein Exemplar findet man im Verkehrsmuseum Gottard Park von Dormelletto.

Aber die Fahrt ging längst nicht nur über die See-Enge ins Schwesterstädtchen Angera. In den ersten Kriegsmonaten 1939, als der Treibstoff knapp wurde, ruderten die Schiffer auch weit hinauf in den Norden. »Nach dem 8. September«, so erinnert sich Pizzettas ehemaliger Schiffer-Kollege Carlo Constantini 1982 in der Zeitung »La Stampa« an goldene Zeiten, »kam es vor, dass wir Fahrten nach Stresa, Pallanza, Intra und Laveno machen mussten. Man konnte auf einen Schlag bis zu 240 Lire verdienen! Aber man musste dafür auch fünf bis sechs Stunden rudern.« Bei jedem Wetter. Und wohl wissend, dass der aufgewühlte See sehr gefährlich sein konnte. Deshalb hat man der heiligen Anna, der Schutzpatronin der Schiffer, am Ufer von Arona ebenfalls ein Denkmal gesetzt.

Adresse Lungolago Caduti di Nassirya, ungefähr auf der Höhe des Corso Guglielmo Marconi 17, I-28041 Arona | **Anfahrt** am besten mit dem Schiff aus Angera; alternativ mit dem Auto auf dem Corso Repubblica zum Hafenparkplatz oder mit dem Zug bis Arona (15 Minuten vom Bahnhof) | **Tipp** Der schöne Naturpark Lagoni di Mercurago auf einer Moränenterrasse nahe Arona besteht aus Torfmooren, kleinen Seen, Wald und Wiesen, Pferdeweiden und archäologischen Fundstellen. Die Wege zu den Nekropolen aus der Bronze- und Eisenzeit sind ausgeschildert.

13 Das Einschussloch

Der Kampf um Arona 1945

Am 25. Juli 1943 wurde Mussolini abgesetzt, und ein erster Waffenstillstand mit den Alliierten, die aus dem Süden Italiens gegen Norden vorrückten, wurde verkündet. Die deutschen Truppen befreiten Mussolini jedoch wieder und installierten unter seiner Führung die faschistische Marionettenregierung der »Republik von Salò«. In Norditalien begann der zwei Jahre währende Partisanenkrieg gegen die Restfaschisten und die deutschen Besatzer – mit unzähligen Toten auf beiden Seiten.

Am Abend des 13. April 1945 stiegen die Partisanen der Servadei-Brigade (benannt nach einem 18-jährigen, von den Deutschen hingerichteten Partisanen) von den Hügeln hinab und bezogen Stellung. Die Faschisten hatten sich in Güterwaggons verschanzt, die Deutschen im Hotel Milano, das als Kaserne diente und von wo aus die Straße entlang der Westseite des Sees kontrolliert wurde. Am Morgen des 14. April wurde der Befehl zum Angriff gegeben. Von verschiedenen Seiten her eröffneten die Partisanen mit Gewehrsalven das Feuer. Zunächst sah alles nach einem Erfolg aus, doch dann ging einiges schief. Der Nachschub traf nicht rechtzeitig ein, Munition wurde knapp, die Straßen im Norden der Stadt waren nicht gedeckt. Die Wende kam, als die Deutschen einen Hinterhalt legten: Ein Trupp Soldaten schwenkte die weiße Fahne als Zeichen, sich ergeben zu wollen. Als die Partisanen die Waffen sinken ließen, brach aus einer Seitenstraße ein Mannschaftswagen der Faschisten hervor und tötete 14 junge Partisanen. Andere wurden verletzt und konnten von den flüchtenden Überlebenden noch in Sicherheit gebracht werden – ein desertierter deutscher Militärarzt nahm sich ihrer an. 14 Tage später wurde Italien befreit – das Kriegsende am 25. April ist bis heute Nationalfeiertag.

Ein Einschussloch in einem der Pfähle, die zum Festmachen der Boote dienen, erinnert an diese traurige Episode in einem grausamen Krieg.

Adresse Lungolago Caduti di Nassirya, I-28041 Arona | Anfahrt mit dem Schiff aus Angera; mit dem Auto über den Corso Repubblica zum Hafenparkplatz; oder mit dem Zug bis Arona (5 Minuten vom Bahnhof) | Tipp Direkt unter dem Steilabbruch des Felsens von Arona liegt die Villa Cantoni, das neoklassizistische Wohnhaus einer adeligen Familie, das um 1880 erbaut wurde. Der Sohn der jüdischen Familie und seine Frau wurden 1943 am Lago Maggiore Opfer der Nazis.

14 Flanieren in Arona

Die Perlen aus dem See

Manche Ufer des Lago Maggiore scheinen weiß verschneit zu sein, so dicht sind sie mit den Schalen kleiner Muscheln bedeckt. Diese Ablagerungen sind zwar Indikatoren für eine besonders gute Wasserqualität, Perlmuscheln sind sie aber leider nicht. Seit Kurzem gibt es jedoch Perlen aus dem Lago Maggiore: *le perle del lago!*, exklusiv in einem kleinen Laden in Arona.

Perlen gelten als besonders exquisite Kostbarkeit, mehr als Gold, das eher die böse Gier des Menschen weckte, Kriege und Raubzüge entfachte. Perlen hingegen faszinieren mit ihrem irisierenden Schimmer, den leuchtenden Nuancen, nicht zuletzt auch mit ihrer geheimnisvollen Herkunft aus den Tiefen des Meeres.

Die Perlen aus dem Lago Maggiore entstehen aus den Schuppen eines feinen und beliebten Speisefisches, des *lavarello*, *Coregonus lavaretus*, zu Deutsch: Renke oder Felchen. Dieser Wildfisch, der nicht in Farmen gezüchtet werden kann, wird von einem der wenigen noch tätigen Berufsfischer am Lago, Giorgio Brovelli, bei Lesa gefischt. Nach einem geheim gehaltenen Verfahren, das in den 1920er Jahren bei Saint-Gingolph am Genfer See entwickelt wurde, werden die Fischschuppen in einer Essenz aufgelöst, bis sich der silber glänzende Belag in winzigen Kristallen am Boden absetzt. Ein Glaskügelchen wird dann in mehreren Tauchgängen mit der Perlmuttessenz beschichtet, manchmal auch in zarten Tönungen gefärbt, bis die Perle – rund, oval oder barock – nach Arona zurückkehrt und direkt im Geschäft weiterverarbeitet wird.

Angeblich versuchte man in China schon vor 3.000 Jahren, den Perlglanz nachzuahmen. Die in Paris im 17. Jahrhundert aus Fischschuppen gefertigten Perlen missfielen den Damen nach anfänglicher Begeisterung, weil sich der Überzug, wenn er warm oder feucht wurde, auf der Haut abrieb. Diese Substanz, »Essence d'Orient« oder »Fischsilber« genannt, war am Anfang des 20. Jahrhunderts das erste Perlglanzpigment der Geschichte.

Adresse Via Cavour 66, I-28041 Arona, www.shop-perlesdulac.com | Anfahrt mit dem Auto über den Corso Repubblica zum Hafenparkplatz; mit dem Zug bis Arona, vom Bahnhof 10 Minuten zu Fuß; oder mit dem Schiff aus Angera | Öffnungszeiten täglich außer Mo 10–19 Uhr | Tipp Am Ende der Fußgängerzone liegt die Kirche Santa Maria di Loreto (Piazza del Popolo) von 1592. Im Innern ist das Haus von Loreto maßstabsgetreu nachgebildet. Nach christlicher Legende trugen Engel das Haus der Heiligen Familie aus Nazareth nach Loreto in Mittelitalien.

15 Die Statue Sancarlone

Von Kardinal Borromeos ungeheurer Größe

Pardon, aber für einen Geheimtipp ist sie zu groß: Bis zur Errichtung der Freiheitsstatue von New York 1886 war der Sancarlone am Südzipfel des piemontesischen Ufers in Arona die größte von innen begehbare Statue der Welt. 35 Meter hoch und auf einer 310-Meter-Anhöhe über dem See thronend, huldigt die verblüffend fein ziselierte, 1697 erbaute Kolossalstatue aus Kupfer dem heiligen Karl Borromäus. Als Erzbischof von Mailand und einer der einflussreichsten Kirchenmänner des 16. Jahrhunderts ist er heute Namensgeber unzähliger Straßen in den Dörfern rund um den Lago. Aus seinen Augen, dem Mund und den Nasenlöchern hat man einen Blick über den See und das Land, der dem von den natürlichen Anhöhen in nichts nachsteht.

Wenn nur der Aufstieg in seinem Inneren nicht wäre! Denn dieser scheut an Hybris kaum einen Vergleich. Während beim Blick von außen des Heiligen Soutane aus Kupfer fast zu schwingen scheint, hofft man beim Hinaufsteigen über Wendeltreppe und Leiter, dass die irre Architektur aus Stein, Ziegeln, Eisen, Nägeln, Schrauben und Zugstangen auch 300 Jahre nach ihrer Vollendung noch einmal halten möge.

Und auch wenn die Freiheitsstatue in Amerika sich heute mit ihrer Fackel deutlich höher reckt als der Heilige vom Lago, so fehlt ihr doch die Güte im Gesichtsausdruck, mit der dieser seinen Arm zum Segen horizontal über Stadt und Burgruine hält. Denn nicht hochgemute Freiheit war sein Sinn. Zu Karls Zeit waren die Burgen von Arona und Angera an dieser See-Enge zwar noch schier unüberwindlich und dominierten den Handelsweg über den Lago Maggiore in die lombardische Ebene, er selbst hingegen widmete sich eher den dringend nötigen Sozialreformen seiner Kirche in Zeiten ihres Niedergangs. Napoleon, der Unerbittliche, ließ seine Burg später schleifen, weil die Österreicher ihm von dort Widerstand entgegensetzten. Den Heiligen aber ließ er unberührt.

Adresse Piazzale San Carlo, I-28041 Arona | **Anfahrt** von der Via Sempione in die Via Verbano abbiegen, ein paar Kurven hinauf bis zum Parkplatz; oder 1 Kilometer zu Fuß ab Piazza del Popolo | **Tipp** Die Burg mit öffentlichem Park und Seeblick war ursprünglich eine langobardische Verteidigungsanlage, ab 1227 im Besitz der Visconti, ab 1439 gehörte sie der Familie Borromeo. Hier wurde Carlo Borromeo 1538 geboren.

16 Der Gridone

Marianne Werefkins expressive Bergporträts

Die schroff gefalteten Felswände des Gridone fallen steil zum Ufer hin ab. Nicht so steil allerdings, wie Marianne von Werefkin sie gemalt hat. Die russische Baronin, eine der bedeutendsten Figuren des deutschen Expressionismus, war zu Beginn des Ersten Weltkrieges mit ihrem Lebensgefährten Alexej Jawlensky in die Schweiz geflohen und 1918 nach Ascona gelangt. Bis 1931 wohnte sie in einem halb verfallenen Castello nahe dem Seeufer und hatte den Berg von ihrem Turmfenster aus täglich vor Augen. Er wurde charismatischer Protagonist vieler ihrer Gemälde: in Form von lodernden Flammen, mystisch oder unheimlich, als mächtiger Sockel, auf dem der Vollmond ruht, immer wild und unzugänglich. Im Museo Comunale in Ascona, das Werefkin 1920 mitgegründet hat und das viele ihrer Bilder besitzt, kann man den unmittelbaren Vergleich des realen Berges mit dem gemalten genießen.

»Limidario« nennen die Italiener den höchsten Berg direkt am See, weil die Grenze zur Schweiz über seinen 2.186 Meter hohen Zackengrat verläuft. Gern besteigt man ihn in hellen Mondnächten, um bis zur vergoldeten *Madonnina* auf der Turmspitze des Mailänder Doms zu schauen; 1933 wurde ein riesiges Gipfelkreuz errichtet. Die Mailänder Astronomen benutzten die Gipfelpyramide als Fixpunkt für ihre Vermessungen. Bei der Erstellung der ältesten amtlichen Landkarte der Schweiz hat Dufour den Gridone 1834 als Scheitelpunkt eines Grunddreiecks zur geografischen Erfassung der Südalpen verwendet.

Die Deutungen des Namens »Gridone«, auf alten Karten auch »Ghiridone«, sind unsicher. Daher zitieren wir hier eine alte Legende, die den Namen auf *il grido* – der Schrei – zurückführt: Ein skrupelloser Landvermesser soll in betrügerischer Absicht seine Messdaten gefälscht haben. Zur Strafe fand der Schurke nach seinem Tod keine Ruhe und wurde in die Steilhänge des Berges verbannt, wo man sein Heulen bis auf die andere Seeseite hören konnte.

Adresse Museo Comunale d'Arte Moderna, Via Borgo 34, CH-6612 Ascona, www.museoascona.ch | Anfahrt Museum mitten in Ascona, Parkmöglichkeiten im Autosilo Comunale, Via Caglioni | Öffnungszeiten Di–Sa 10–12 und 14–17 Uhr, So und Feiertage 10.30–12.30 Uhr | Tipp Die Capanna Al Legn, eine 1995 errichtete Schutzhütte auf 1.802 Metern unterhalb des Gridone-Gipfels, ist in zweieinhalb Stunden bequem von Brissago aus erreichbar. Der weitere Anstieg zum Gipfel ist jedoch nur für erfahrene Bergsteiger zu empfehlen (www.legn.ch).

17 Bei Patricia Highsmith

Das steinerne Unterseeboot in den Bergen

Das Fresko am Haus von Patricia Highsmith in Aurigeno ist ein Triptychon von 1882. In der Mitte die Madonna, rechts der heilige Antonius von Padua, und links schreibt der Evangelist Markus mit einem Gesicht, das unter dem Ansturm der Inspirationen geradezu erblüht, fast beschwingt mit schneeweißer Vogelfeder in ein riesiges Buch. Der resoluten Atheistin Patricia Highsmith könnte dieses Bild ihres schreibenden Kollegen gefallen haben.

Über ihr Leben ab 1981 im Maggiatal notiert sie: »Wohin ich blicke, ragen große, schweigende Berge. Aber der Haken: Diese Alpen sind zu oft fotografiert worden, sodass sie rätselhaft langweilig wurden wie Beethovens Fünfte.«

Im Winter hat sie den Eindruck, sie lebte wie in einem U-Boot. Hier schrieb sie »Ripley Under Water«, den fünften Ripley-Roman. »Das U-Boot ist mein Haus, ein enges Steinhaus mit zwei Kellern übereinander.« Am Hang wohnend, schaut sie hinunter auf die grauen Granitdächer des 105 Einwohner zählenden Dörfchens – ohne Bäcker, ohne Fleischer. Die Einheimischen, die »eher der Tessiner Lebensart anhängen«, lassen sich vom Grau des Winters im Maggiatal nicht die gute Laune verderben, vermutet die Krimiautorin mit Hang zu schwachen, labilen Figuren, die – Täter und Opfer zugleich – aufs unabwendbare Verderben zutaumeln. »Aber unter den Reingeschmeckten, die hier so leben wie ich, wird viel Zeit vertan mit dem Durchkauen von vermeintlichen Kränkungen, Injurien, Übergriffen und Standpunkten.«

Einige ihrer Geschichten spielen direkt in Aurigeno, zum Beispiel »A Long Walk from Hell«, die Geschichte eines Bauern, den der Dorfpfarrer nach einem Streit exkommuniziert und der berühmt wird, weil er bei Schnee und Nebel nach Lugano wandert, um vom Bischof Hilfe zu erbitten. Irgendwann aber reichte es Patricia Highsmith. Neun Jahre lebte sie in ihrem finsteren Rustico, aus dem sie schließlich nach Tegna in die Sonne floh.

Adresse Caraa di Spadui 5, CH-6677 Aurigeno | Anfahrt von Locarno über die Via Vallemaggia entlang der Maggia bis Aurigeno, dort über die zentrale Dorfstraße Al Stradom rechts in die Caraa di Spadui | Tipp Eine Entdeckungsreise durch den Ort gilt dem Werk des 1810 hier geborenen Malers Giovanni Vanoni. Berühmt für das leuchtende Blau der Mariengewänder, hat er auch in der Region viele Fresken an Hauswänden und Ställen, Altarbilder und Votivtafeln gemalt. Sein Hauptwerk sind die Fresken in der Pfarrkirche von Aurigeno.

18 Der rosa Granit

Abgebaut von den Picasass – exportiert in die Welt

Scharf gezackte, steil abfallende Wände und schroffe Gipfel, rosa, weiß und grün gesprenkelt, nehmen es mit den umliegenden Bergsilhouetten auf. Hintereinander aufgeschichtet stellen sie sich quasi als Akteure im Bühnenbild der Landschaft vor: die verschiedenen Granitsorten um Baveno.

Der Steinbruch am Monte Camoscio ist eine weithin sichtbare Wunde in der Bergflanke. Schon im Mittelalter wurde hier der wertvolle rosafarbene Granit abgebaut – ab dem 19. Jahrhundert in großem Umfang durch den Einsatz von Sprengstoff. Vor 300 Millionen Jahren erstarrte hochgekochtes Magma im Erdinneren, um bei der Kollision zweier Urkontinente zu einem mächtigen Block aufgetürmt zu werden. Hochgeschätzt, schmückt *il granito rosa* seither nicht nur Bauwerke der Region wie den Mailänder Dom, sondern auch edle Architektur weltweit, etwa die Pariser Oper oder den Königspalast in Bangkok. Und auch die Kolumbus-Statue in New York besteht aus Baveno-Granit!

1979 wünschten sich die Einwohner von Baveno ein Wandbild, das die harte, aber auch kreative Arbeit der Steinmetze feiern sollte. An der Piazza Matteotti zeigt Gilberto Carpa in seinem Werk die Rolle der Frauen: Sie trugen das Sprengpulver in den *gerle* (Rückenkraxen) hinauf. Ein Denkmal von Raffaele Polli, einem Bildhauer aus Baveno, von dem viele Steinskulpturen rund um den See zu finden sind, stellt einen *Picasass* (Dialekt: Steinbrucharbeiter) dar, der mit vollem Körpereinsatz einen Steinblock bearbeitet.

Im Palazzo Pretorio widmet sich das Museo Granum der Geschichte des Steinabbaus und seiner Bearbeitung. Der angeschlossene Pfad der *Picassass* führt hinaus in ein Freilichtmuseum, das mit Installationen und Fotodokumentationen die Arbeit in den Steinbrüchen erläutert, und zieht weiter über den Gipfel des Monte Camoscio zum Mottarone. Wagemutige können auch zu einem steilen und exponierten Klettersteig abbiegen, der »Ferrata dei Picasass«.

Adresse Lungolago, I-28831 Baveno | **Anfahrt** SS 33 von Stresa nach Baveno, den Lungolago entlang | **Tipp** Ausführlich werden die Steinbrüche von Candoglia, in denen weißer und grüner Granit gebrochen wird, im Ecomuseo (Umweltmuseum) von Mergozzo vorgestellt.

19 Das Ungeheuer am See

Kryptozoologie oder wie Nessie zu Maggie wurde

Im Sommer 1933 begann der Hype um das Ungeheuer im schottischen Loch Ness. Jedes Gewässer, das etwas auf sich hielt, zog nach und beanspruchte sein eigenes Seeungeheuer, selbst im fernen China. Im März 1933 war »King Kong« in die Kinos gekommen, und merkwürdigerweise glichen all diese »Nessies« der wild gewordenen Brontosaurusherde in dem Film bis aufs Haar: ein runder Rücken, der sich in Wellenbewegungen über den Wasserspiegel erhob, ein schlanker Hals, ein kleines Köpfchen.

Und so häuften sich auch am Lago Maggiore die gesichteten Monster. Rund um die Castelli di Cannero trieben sie seit Januar 1934 ihr Unwesen. Kein Wunder, stand hier doch einst die Burg der Brüder Mazzarditi, berüchtigte Räuber, die die Küstenorte terrorisierten. Diese Schlossruinen wurden zum Mittelpunkt einer hysterischen Suche nach dem amphibischen Phänomen. Mal erschien es als Schatten unter Wasser, dann als monströser Fisch an der Oberfläche.

Am 31. März 1934 aber wurde es ernst: Ein Reporter der örtlichen *Gazzetta* fotografierte das Seeungeheuer auf den Klippen zu Füßen der Burg. Man gab ihm den wissenschaftlichen Namen *Kraken Cannerensis*, und für den nächsten Tag wurde ein entscheidender Schlag gegen das Monster verkündet, mit einer Treibjagd um sieben Uhr morgens rund um die Inseln. Der gefangene Krake wurde vorab schon dem Museum in Pallanza versprochen.

Am Morgen des 1. April versammelte sich eine Menschenmenge am Ufer, um die Jagd zu verfolgen – und um zu erfahren, dass man einem Aprilscherz, einem *pesce(!) d'aprile*, aufgesessen war. Das Ziel aber war erreicht: Die Mischung aus Gespenstergeschichte, Kryptozoologie und lieblicher Landschaftsbeschreibung gab dem Tourismus neuen Aufschwung und dem Seeungeheuer ewiges Leben. In Baveno vor den Cannero-Inseln streckt uns »Maggie«, 20 Meter lang und aus rosa Granit, sein Köpfchen entgegen, die Kinder turnen auf seinem Rücken herum.

Adresse »Maggie«-Skulptur an der Strandpromenade, Lungolago di Baveno, I-28831 Baveno | Anfahrt SS 33 von Stresa Richtung Baveno | Tipp Von der Seestraße aus entdeckt man einen ockergelben Kreuzgang mit Wandfresken auf der Piazza della Chiesa. Die Taufkapelle, die Johannes dem Täufer geweiht ist, befindet sich daneben, und den Abschluss des säkularen Zentrums von Baveno bildet die romanische Pfarrkirche.

20 Der heilige Lucio

Wie kommt der Käse in die Kirche?

Wer könnte besser als die christlichen Märtyrer von Schmerz und Folter erzählen, von der Grausamkeit der Verfolger und der Machtgier der Herrschenden? Aber auch vom Leid der geplagten Menschen, die hilfesuchend vor ihren Bildnissen knien?

Die Tür der alten Pfarrkirche von Belgirate steht offen, und wer eintritt in das weiche Dämmerlicht unter den niedrigen Gewölben, findet sich Aug in Aug mit der Prominenz der christlichen Nothelfer. Auf spätmittelalterlichen Fresken sieht man in warmen Farbtönen den Pestheiligen Rochus, der seine Beulen zeigt, die heilige Apollonia, der man den Kiefer zertrümmerte und die bei Zahnschmerzen hilft, sowie die heilige Lucia mit den ausgestochenen Augen.

Keines dieser lebensnahen Fresken aber kommt so handfest daher wie der Käse-Heilige San Lucio in seinem Pilgergewand gleich rechts neben dem Eingang. Mit einem großen Messer schneidet er in einen kreisrunden butterfarbenen Käselaib. Wo wurde ein Heiliger je so sinnlich-hiesig verehrt wie dieser Patron der Hirten und Käser aus dem Tessin? Ungewiss ist jedoch, ob er je lebte oder nur eine christliche Umdeutung des nordischen Sonnengottes Lug ist, der statt des Käselaibs eine Sonnenscheibe im Arm trug. San Lucio mit seinem Käse aber konzentrierte sich lieber auf die leiblichen Genüsse auf Erden.

Ausgangspunkt seines Kults ist das Val Cavargna, wo auf 1.542 Meter Höhe das älteste ihm geweihte Kirchlein steht. Die Fresken im Inneren zeigen Szenen aus seinem Leben und Wirken bei einem harten Herrn, der es nicht ertrug, dass Lucio den Armen etwas vom Käse abgab. Also trat Lucio in die Dienste eines großzügigeren Bauern, und wundersamerweise vermehrte sich der Käse unter seinen begnadeten Händen so üppig, dass er den Bedürftigen reichlich spenden konnte. Sein früherer Arbeitgeber, der mittlerweile verarmt war, erschlug ihn daraufhin an der Stelle, an der heute die kleine Kirche steht.

Adresse Piazza della Repubblica, Via IV Novembre 58, I-28832 Belgirate | Anfahrt von der SS 33 in Belgirate hinauf in die verschlungenen Sträßchen, über Via IV Novembre, Via per Lesa, Via per Calogna | Tipp Rechts neben der Kirche findet man die Grabkapelle der Familie Hierschel de Minerbi. Auch wenn sie nicht öffentlich zugänglich ist, kann das schöne Bronzerelief über der Tür bewundert werden und – durchs Schlüsselloch – die Jugendstildekoration von Leonardo Bistolfi.

21 Das Ex-Sonnino

Warme Decken und doch kein Zuhause

Im Talgrund des Flüsschens Bardello klapperten schon um 1500 die Getreidemühlen. Einige Jahrhunderte lang wurde hier Papier hergestellt, eine Zwirnerei entstand um 1700, und ab 1850 gründete der Baron Cantoni eine florierende Baumwollspinnerei, deren Lärm wohl so gewaltig war, dass die Arbeiterinnen, die meist aus der Region Bergamo kamen, einander die Worte von den Lippen ablesen mussten.

1894 in Ancona geboren, führte Piero Sonnino in Mailand eine Textilfabrik, die erfolgreich Decken der Marke »Sole Mio« produzierte. Das Werk wurde bei der Bombardierung Mailands zerstört. 1942 erwarb er die Fabrik in Besozzo, und 1943 wurde die jüdische Familie auf der Flucht in die Schweiz unweit der Grenze gestellt. Die Frau konnte mit den vier Kindern entkommen – Piero Sonnino wurde gefasst, nach Auschwitz deportiert und starb 1945 auf dem Todesmarsch nach Buchenwald. Ein Stolperstein vor seinem Haus in Mailand erinnert an ihn.

Von den Faschisten als Kaserne genutzt, wurden später Infanteristen von der Fabrik aus an die Front nach Russland oder Afrika geschickt. Um die Gebäude, in denen Panzerteile gepresst wurden, für die Militärflugzeuge weniger auffällig zu machen, sprengte man in einer Nacht den 60 Meter hohen Schornstein.

Nach der Wiederaufnahme der Produktion von Decken wurde die Fabrik Zentrum des industriellen Schaffens der Region. Aus Neuseeland kam die Wolle, von Automaten gewaschen, gesponnen und gefärbt. Um 1960 geriet die Manufaktur in eine Krise, 1983 wurde sie aufgegeben.

Das Gebäude mit den hohen Bogenfenstern und den lichtdurchfluteten Hallen ist heute im Besitz der Gemeinde und so weit restauriert, dass darin Theateraufführungen und Ausstellungen stattfinden können. Für eine umfangreichere Umstrukturierung fehlt allerdings noch das Geld. Die Stiftung FAI, die sich um den Denkmalschutz kümmert, hat das Ex-Sonnino in ihre Liste der »Orte des Herzens« aufgenommen.

Adresse Via Domenico De Bernardi 32, I-21023 Besozzo | Anfahrt von Ispra kommend auf der SS 629 durch Besozzo, Richtung Gemonio über das Flüsschen Bardello | Öffnungszeiten im Rahmen von Veranstaltungen zu besichtigen | Tipp Am kleinen, wie aufgegeben oder verlassen wirkenden Provinzbahnhof Besozzo mit den hohen Zedern und dem Wartesaal, der mit gebrauchten Büchern ausgestattet ist, halten viele Züge aus der Schweiz.

22 Der Laghetasc

Oder: Louisiana am Lago Maggiore

Zwischen den Falten zweier Moränenhügel aus der Eiszeit bildete sich aus den Ablagerungen der vorbeischleifenden Gletscher auf für Wasser undurchlässigem Boden ein See: der Laghetasc, ein Dialektwort für *laghetto*, was »kleiner See« oder »Pfütze« bedeutet.

Zu Fuß durchquert man einen schönen, hochstämmigen, in dieser Region unüblichen Pinienwald, der schließlich in einen Kastanienwald übergeht und in eine für das Ökosystem der Feuchtgebiete typische Vegetation mündet: in Weiden, Erlen und Schilf am Ufer.

Aus dem grünen Wasser erheben sich hier in voller Größe Exemplare von *Taxodium distichum*, der Echten Sumpfzypresse. Die im Sommer hellgrünen Nadelbäume erreichen Wuchshöhen von 35 Metern, einen Stammumfang von fünf Metern und können bis zu 1.000 Jahre alt werden. Sie stehen auf den für Mangrovenbäume typischen gefurchten Elefantenbeinen, den sogenannten »Atemknien« oder »Luftknien«, deren schwammartiges Gewebe den Gasaustausch der Wurzeln in sauerstoffarmem Sediment gewährleistet. Der Besitzer des Geländes hat diese Sumpfzypressen, die sich prächtig entwickelt und angepasst haben, einst aus den südlichen USA eingeführt. Sie waren bereits in der Warmzeit des Tertiärs in ganz Europa verbreitet und bildeten die Grundlage für die rheinischen Braunkohlevorkommen.

Noch erinnern wir das Konzert der Frösche im Frühling, die hier behaglich im stillen Sumpfwasser lebten. Der scheinbar aus Raum und Zeit gefallene Ort hat trotz seines temporären Austrocknens noch eine surreale Atmosphäre. Im Herbst werfen die Bäume ihre Nadeln ab und erstrahlen in allen Gold- und Rottönen. Die Sumpfzypressen des Laghetasc, an dessen Ufern man sogar Reste von Pfahlbausiedlungen fand, sind unlängst zu *monumenti naturali*, Naturdenkmälern der Provinz Varese, erklärt worden. Das Gelände ist öffentlich zugänglich und auch in wasserarmen Zeiten ein ganz besonderer Ort.

Adresse Motto Pivione, I-21020 Brebbia | **Anfahrt** zu Fuß von Ispra, circa 7,5 Kilometer; oder mit dem Auto auf der SP50 zwischen Ispra und Besozzo, in die Via Cascine abbiegen, der Via Al Laghetasc folgen und zu Fuß in den Wald (ausgeschildert) | **Tipp** Bitte beachten Sie die Gehöfte, die Cascine San Giacomo, durch die die einspurige Straße führt. Seit 1930 sind sie Namensgeber für die Milchprodukte, die immer noch in Ispra produziert und verkauft werden.

23 Das Pfeifenmuseum

Meerschaum und Terrakotta

»Bevor man eine Frage beantwortet, sollte man erst seine Pfeife anzünden«, sagte der Pfeifenraucher Albert Einstein. Warum ist das Pfeiferauchen dann heute fast verschwunden? »Der Zeitgeist ist ein Nichtraucher«, so Günter Grass, dem die Pfeife Existenzbeweis war. Galt sie einst als stilvoll und männlich, so scheint die E-Zigarette die würdevolle Pfeife heute verdrängt zu haben.

Ein Kanal des Flüsschens Bardello treibt die Turbinen des Kraftwerks an, das die Energie für die Produktion der kleinen, feinen Pfeifenfabrik liefert. Der Kanal wurde 1890 sogar extra für das heute immer noch aktive Wasserkraftwerk gebaut, das, einzig in seiner Art, 1893 in Betrieb genommen wurde. Als ein Juwel der Industriearchäologie versorgt es noch immer die umliegenden Dörfer mit Strom.

Das skurrile Museum mit seiner Sammlung von 6.000 Pfeifen ist ein Ableger der Manufaktur. Über die Kolonien und Seefahrer eroberte der Tabak im 16. Jahrhundert Europa – damit begann die industrielle Pfeifenproduktion. Unzählige Variationen sind seitdem erfunden worden. Das Museum präsentiert eine große Sammlung der mineralischen Meerschaumpfeifen, Gips- und Terrakottapfeifen aus Italien, Frankreich und Holland und neben den traditionellen österreichisch-ungarischen Porzellanpfeifen auch die ersten französisch-britischen Bruyère-Pfeifen aus Wurzelholz, die später in Italien oft kopiert wurden. Kuriositäten wie zigarrenförmige Pfeifen für Motorradfahrer, die aus einem internen Kocher mit einer federbelasteten Tabakpresse bestehen, Pfeifen mit einem belüfteten Kocher, um sie bei Hitze leicht in der Hand halten zu können, solche mit Teleskop-Mundstücken, zwei Kochern und Ventilen, um verschiedene Mischungen in Echtzeit zu genießen, Mini-Wasserpfeifen – Patente aller Art, um die schwierige Kunst des Pfeiferauchens zu vereinfachen oder vielleicht noch subtiler zu gestalten.

Adresse Località Bosco Grosso 21, I-21020 Brebbia | Anfahrt über die SP 50 von Ispra nach Varese, ausgeschildert | Öffnungszeiten Museum während der Bürozeiten der Fabrik Mo–Fr 9–17.30 Uhr und nach Vereinbarung via E-Mail an info@brebbiapipe.it zugänglich | Tipp Die Kirche Santi Pietro e Paolo in Brebbia ist eine der am besten erhaltenen romanischen Kirchen der Provinz Varese. Besonders schön sind die verfugten Außenmauern aus dreierlei Stein und die Fresken aus dem 13. bis 15. Jahrhundert.

24 Die Chiesetta Santa Lucia

Eine Kapelle aus Licht für Menschen im Dunkeln

Was ist eindrucksvoller, die geschwungenen Formen der kleinen Kapelle Santa Lucia auf den Hügeln von Caravate oder die monumentale »Kathedrale« des Zementwerks zu ihren Füßen? Das geografische Zusammenspiel dieses architektonischen Zweigestirns ist zumindest ein Ereignis der besonderen Art – die ästhetische Entscheidung überlassen wir Ihnen.

So können wir uns ganz Maria Migliavacca (1893–1982) zuwenden. Nach dem Tod ihres Mannes Antonio, des letzten Erben der Mailänder Familie Campari, hatte die leidenschaftliche Lehrerin seit den 1950er Jahren mit Weitsicht die renommierte Spirituosenfabrik weitergeführt. Die Sommerresidenz der Familie, die Villa Letizia in Caravate, ließ sie 1962 zu einem Blindenheim umbauen.

Der Stararchitekt Luciano Baldessari, einer der Protagonisten des futuristischen Bauens, bekam den Auftrag, für die Schutzpatronin der Blinden, Santa Lucia, an erhöhter Stelle im Park eine Kapelle zu konzipieren. Baldessari ließ sich vom »plastischen Stil« Le Corbusiers inspirieren und schuf ein lichtes Kleinod für Menschen, denen es verwehrt ist, das Licht zu sehen: ein weißes Gebäude auf asymmetrischem Grundriss mit weich gerundeten Wandflächen, erfahrbar für die tastenden Hände der Blinden. Das einfallende Licht transzendiert den Innenraum und spiegelt sich in der augenförmigen Kuppel sowie den liebevoll gesetzten Steinaugen im Pflaster um das Kirchlein. Den »spazialismo« seines Freundes Lucio Fontana ließ Baldessari in Santa Lucia architektonisch Gestalt werden: Raum als sich frei entfaltendes Kontinuum. So sollten auch die Blinden durch Berührung der Wände an der kosmischen Energie, die der Avantgardekünstler Fontana in aller Materie walten sah, teilhaben.

Leider steht das gesamte Gelände heute verlassen da. Der halb legale Zuschlupf zum Park rund um die Kapelle aber ist genauso möglich wie Blicke durch ihre blinden Fensterscheiben.

Adresse Via San Paolo della Croce 1, I-21032 Caravate | Anfahrt von Laveno über die SS 32, etwa 6 Kilometer | Öffnungszeiten Kontakt über www.prolococaravate.it | Tipp Am Ende der Via San Paolo della Croce liegt das Passionisten-Kloster, ein Haus, das Exerzitien anbietet und zu dem parallel zur Straße auch ein kleiner Spazierpfad führt, gesäumt von schönen, naiven Kreuzwegstationen.

25 Das Zementwerk

Kathedrale der Industriearchitektur

In den wirtschaftlich frenetischen 1950er Jahren kam der junge Unternehmer Felice Rusconi (geboren 1911) zufällig nach Caravate und bemerkte den Kalkfelsen unter dem Kloster Madonna del Sasso. Er hatte als Maurerlehrling, später dann als Bauunternehmer bereits in Mailand gearbeitet und unter anderem den Wolkenkratzer an der Piazza Diaz gebaut. Er wusste sofort, was für einen Schatz er entdeckt hatte, und begann umgehend, Land zu kaufen, um das Zementwerk »Cementi Felice Rusconi« zu gründen. Die Anlage ließ er ständig vergrößern, und bald belieferte er mit seinen Zementsäcken die ganze Provinz. Der Sohn eines Maurers mit nur vierjähriger Schulausbildung war zu einem angesehenen Industriellen und Immobilienbesitzer geworden, ihm gehörte auch das Palace Hotel in Varese. Der Hauptarbeitgeber der Region wird als offen, intelligent, unternehmerisch couragiert, jedoch auch als hart beschrieben.

Der Staub seiner Fabrik hüllte das grüne Land in einen grauen Schleier, und die Sprengungen ließen die Häuser erzittern. Es war nicht die Zeit, in der man sich Gedanken über Arbeitsschutz und Umweltverschmutzung machte. Das Kalkwerk, seiner auratischen Erscheinung wegen auch »La Cattedrale« genannt, faszinierte und ängstigte zugleich. Giambattista Aricocchi erzählt 2012 in seinen Erinnerungen von einem Gespräch mit Rusconi, der sich mit Bitterkeit dieser Vergehen bewusst gewesen sei, sie aber mit der Aussichtslosigkeit der Nachkriegsjahre und der Suche nach einem besseren Leben gerechtfertigt habe.

Die von seiner Frau 1975 ins Leben gerufene Fondazione Rusconi unterstützt die biomedizinische Forschung. Der mit dem Orden »Cavaliere del Lavoro« (»Ritter der Arbeit«) ausgezeichnete Rusconi starb 1997. Die Fabrik wurde von den international expandierenden Colacem-Zementwerken übernommen, die 1966 in Umbrien ebenfalls als Familienunternehmen gegründet worden waren.

Adresse Via 1 Maggio 13, I-21032 Caravate | Anfahrt von Cittiglio oder Gemonio über die SS 394, von Besozzo über die SS 629 | Öffnungszeiten nur von außen zu besichtigen | Tipp Eine Wanderung zu den drei Wasserfällen von Cittiglio lohnt sich. Der kurze, fast ebene Weg durch den Wald zum ersten Wasserfall ist bequem mit Kindern zu gehen, man kann dort auch ein erfrischendes Bad nehmen. Der Weiterweg zu den beiden anderen Wasserfällen erfordert Trittsicherheit.

26 Der Terrassengarten

Die italienische Sommerfrische Villeggiatura

Der Begriff »Sommerfrische«, längst durch die Bezeichnungen »Urlaub« und »Ferien« ersetzt, entstand im Venedig der Renaissance. *Villeggiatura* bezeichnete den Umzug der reichen Familien mitsamt Hausrat und Dienerschaft in eine Landvilla, ein elegantes Wohnhaus mit Park und meist mit eigener Landwirtschaft. An die Gepflogenheiten des antiken Roms anknüpfend, verließ man im Sommer die Städte, um in die Natur zu fliehen. Niemand hat den Stress dieses Ferienlebens witziger beschrieben als der venezianische Komödiendichter Carlo Goldoni 1761 in seiner »Trilogie der Sommerfrische«. Die Städter verlegten ihren aufwendigen Lebensstil aufs Land, die Bauern und Hirten wurden sich ihres ärmlichen Lebens dadurch bewusster.

Im Vergleich zu den berühmten italienischen Landvillen ist die anmutige Villa Della Porta Bozzolo, erbaut um 1500, noch relativ bescheiden; die riesige Weinpresse, die größte der Lombardei, erinnert an das einst bäuerliche Anwesen. Im 18. Jahrhundert erhielt das Haus der Notarsfamilie Della Porta seine heutige Gestalt. Die mit Stuck und Fresken im Rokokostil geschmückten Räume sind von sanft verhuschtem Charme, in dem das Verfließen der Zeit aufscheint.

In der Gesamtschau aber verblasst die Villa sowieso vor ihrer eigenen Gartenanlage, die mit vier ansteigenden Terrassen und einer schlanken Zypressenallee schon bei der Anfahrt alle Blicke majestätisch auf sich zieht. Ein Della Porta schenkte sie 1714 seiner Braut, einer Mailänder Gräfin. Angelehnt an die Gartenkunst der großen Barockschlösser, entfaltet sich der Park mit Treppen, Beeten, Wasserbecken und Brunnen den Hügel hinauf. 1877 schließlich gelangte das Anwesen in den Besitz von Camillo Bozzolo, Professor der Medizin, der die Marotte hatte, ausschließlich von ihm selbst destilliertes und mit Mineralien angereichertes Wasser zu trinken. Eine Flasche und seine Rezeptur werden noch in einer Vitrine aufbewahrt.

Adresse Viale Senatore Camillo Bozzolo 5, I-21030 Casalzuigno | Anfahrt Via Valcuvia/SS 394 zwischen Gemonio und Cuveglio, ausgeschildert | Öffnungszeiten 1. Okt. – 8. Dez. Mi – So 10 – 17 Uhr, 28. Feb. – 30. Sept. Mi – So 10 – 18 Uhr | Tipp Um dem Ambiente gerecht zu werden, sollte man unbedingt das Restaurant »I Rustici« neben der *corte dell'amore* besuchen (Do – So 10 – 24 Uhr).

27 Die Via Sempione

Italo-Hollywood an der großen Straße

Die Commercial Strips mit ihren riesigen Reklametafeln entlang der Ein- und Ausfahrtsstraßen gehören zum Erscheinungsbild nordamerikanischer Städte. Sie entstanden in den 1950er Jahren, als sich – durch die Trennung von Wohn-und Arbeitsplatz – die Mobilität stark veränderte. Wie ein Déjà-vu aus einem Hollywoodfilm der 1970er Jahre taucht an der schnurgeraden, von Ost nach West ausgerichteten Simplonstraße, die den Alpenpass mit Mailand verband, unerwartet »La piccola America« auf. Fast glaubt man, den Chevrolet eines Sheriffs oder die Sirenen der Highway Patrol zu hören oder einen verspäteten Cowboy zu Pferde vor einer der an Las Vegas erinnernden Spielcasinos wie VLT Golden Slot, Lotto, Sala VLT und Slot VLT wiederzuerkennen.

Es ist eine bunte Mischung aus Shopping und Dienstleistung, ein Extrakt des American Dream, der sich tatsächlich lange nach den Auswanderungswellen aus dieser Region im frühen 20. Jahrhundert gehalten hat. Red Beef, Old Wild West, McDonald's, Pan Pan, McCoffee, Grill Inn, Sushi all you can eat, Lucky House, Tilly's Café Bistrò, Planet Sedia, Starfive Gourmet oder MUG locken die Autofahrer zum Stopover. Sei es, um dem Auto bei Goodyear, Toto Cars, Q8 Easy, Elitcar oder Gas Auto einen Boxenstopp zu gewähren oder auch um Großeinkäufe bei Euro Spin, Brico, Superstore, Florida Store oder Outflex zu tätigen. Im Hotel Le Palme oder im Hotel Italia kann man übernachten, denn neben dem Amerika-Bezug gibt es natürlich auch die italienische Bar Cavour, das Ristorante la Rotta und die Lago Pizzeria.

Immer aber liest man zwischen den grau-bunt zusammengewürfelten, architektonisch heterogenen, weil schnell errichteten kommerziellen Gebäuden *affitasi, vendesi, spazio libero*: zu vermieten, zu verkaufen, freie Flächen. Das Konsumverhalten ist gerade dabei, sich wieder zu verändern. Onlineshopping ist in, und auf den Parkplätzen beginnt das Gras zu wachsen.

Adresse Via Sempione, I-28053 Castelletto sopra Ticino | Anfahrt Via Sempione / SS 33, von Arona oder von Sesto Calende | Tipp Nicht nur für Kinder ist das skurrile »Gottard Park«-Freilichtmuseum – mit Gokart-Strecke – zu empfehlen: eine bunte Mischung aus historischen Fahr- und Flugzeugen sowie Maschinen aller Art, die in dritter Generation von der Familie des Privatsammlers und Industriellen Alfio Gottardo betrieben wird.

28 Die Eibe vor dem Dorf

Johanna Spyris malerische Sehnsuchtsprosa

»Von Cavandone, dem kleinen Dorf, das sich an den waldbewachsenen Monte Rosso schmiegt, führt an alten Kastanienbäumen hin über raue Felsstücke und rauschende Bergwasser der Fußpfad nach Suna hinunter. Jeden lockt es, die Terrasse auf dem Vorsprung des Kapellenhügels zu erreichen und über die Mauer zu schauen. Da leuchtet weithin der blaue See mit den grünen Inseln darin, die wie Smaragde über den Fluten schwimmen.«

Bedarf es weiterer Worte? Auf, auf zur Pfarrkirche wie einst Johanna Spyri, die Schöpferin der unsterblichen »Heidi«! Aber stand sie wirklich auch dort oben am Mäuerchen?

Gern zumindest verbrachte sie den Herbst in Suna unter jenem Dörfchen Cavandone, in dem ihre Protagonistin »Dori« zu Hause ist. »Heidi« hatte sie um 1880 weltberühmt gemacht, Mann und Sohn waren gestorben; so zog es sie in die vertraute Ferne der Villa Camenisch zu ihrer Wirtin Ursolina, der sie mit »Die Elfe von Intra« ein eigenes Denkmal setzte. Mit ihrer »Dori« im Roman »Was soll denn aus ihr werden?« erschuf sie hier ein Heidilein für den Monte Rosso: herzensgut und liebenswert, naturverbunden und durch die Welt arg gebeutelt. Täglich pilgert das Kind in Begleitung ihres deutschen Vaters und bewaffnet mit Schirm, Stock und Staffelei in die Kastanien am Monte Rosso – um ihm beim Malen zuzuschauen.

Doch seltsam: Wie konnte es sein, dass dieser Maler und verspätete deutsche Romantiker für die Hauptattraktion neben der Pfarrkirche keinen Blick und Johanna Spyri für sie nicht ein einziges Wort übrighatte: für die schon damals 250 Jahre alte Eibe *(Taxus baccata)* von 1618, deren Stamm sich in unnachahmlicher Eleganz über 15 Meter in die Höhe dreht, um hier mit ihrer gewaltigen Krone über die Mauer in die Tiefe zu schauen? Hat die Schweizer Schriftstellerin etwa nur drunten in Suna bei der Ursolina zum Tee gesessen und den Einheimischen ihre Geschichten abgelauscht?

Adresse Chiesa della Natività di Maria Vergine, I-28925 Cavandone | **Anfahrt** SS 34 von Verbania nach Suna, dort von der Via XX Settembre in die Via Corsica, ein kurviges Sträßchen, nach Cavandone, Parkplatz an der Kirche, Fußpfad Via alla Chiesa ins Dorf hinauf | **Tipp** Verweilen Sie ruhig noch ein Stündchen, schauen Sie in die Keramikwerkstatt und stärken Sie sich im Circolo. Oberhalb des Dorfes führt rechts ein breiter Pfad zum anderthalb Fußstunden entfernten Agriturismo am Monte Rosso.

29 Das Dorf am Hang

Architekturfusionen zwischen Stall und Avantgarde

Caviano ist eine Art Architekturmuseum, auf einer Hochterrasse über dem See gelegen. Wandelt man leise hindurch, kann man kaum entscheiden, wo die Ausstellung beginnt und wo sie aufhört. Die Landschaft ist in ihrer außergewöhnlichen Schönheit omnipräsent: Himmel und See lösen sich spiegelnd in den oft bis auf den Boden reichenden Fensterfronten auf. Durch sie blickt man in großzügig gestaltete Interieurs, möbliert mit ein paar minimalistischen Sesseln, hinter denen der Blick auf den See zum Bild wird. Die Steinbrocken, das Grundmaterial der Häuser, sind neu aufgefasst: Nicht mehr als mühsam zusammengesammeltes Rohmaterial, aus dem die Unterstände für Mensch und Tier einst als Zufluchtsorte, Ställe oder kleine Scheunen gebaut wurden, sondern hier wird die alte Bausubstanz mit jener Würde und Eleganz zelebriert, die Handwerk zu Kunst erklärt. Nicht nur die Innenräume sind in die Neuinterpretation eingebunden. »Wie in den alten Tessinerdörfern üblich wurde bewusst auf sichtbare Grenzabschottungen verzichtet, privater und öffentlicher Außenraum gehen fugenlos ineinander über«, schreiben die Architekten zu einer Dreiergruppe aus Ställen mit schönen Zwischenzonen, einem ihrer ersten Projekte hier. Später entwerfen sie auch Neubauten – in herausfordernder Hanglage – außerhalb des alten Dorfkerns.

Die Mischung aus vorsichtiger Rekonstruktion und modernem Bauen macht den Charme dieses Ortes aus. Aber nicht das Schweizer Architekten-Team »Wespi De Meuron Romeo« hat Caviano entdeckt. »Atelier 5«, das vor allem im Wohnungs- und Siedlungsbau namhafte Berner Kollektiv, hat von 1968 bis 1973 hier ein Reihenhaus gebaut. Im dreistöckigen, turmartigen Albisetti-Haus wurden offene Terrassen und Wohnräume mit Ziegelstein-Gewölbedecken zu einem klugen Ganzen – mit Blick auf die Berge und den See. Hier kann man im weitgehend autofreien Caviano sicherlich paradiesische Ferien verbringen.

Adresse CH-6578 Caviano | Anfahrt die Via Cantonale (Schweiz) oder Viale Europa (Italien) direkt am See entlang, Caviano nahe bei der Grenze in Zenna, ausgeschildert | Tipp Drei Stunden dauert der Aufstieg zur unbewachten Berghütte über Caviano, dem Rifugio Alpetto di Caviano mit seinen zehn Schlafplätzen im Kaminzimmer auf 1.253 Metern und – natürlich – Panoramablick auf den Lago Maggiore (info@alpettodicaviano.ch).

30 Das Keramikmuseum

Der Lago Maggiore als Dekor

In Laveno gründeten 1856 drei Mailänder Töpfer die erste gemeinsame Keramikfabrik, die sich später zur bedeutenden Aktiengesellschaft »Società Ceramica Italiana« (SCI) zusammenschloss. Deren technisch innovative Keramikproduktion prägte die Gegend bis weit ins 20. Jahrhundert und strahlte auch international aus. Ihr langjähriger Direktor Luciano Scotti gab dem Unternehmen später als Bürgermeister von Laveno einen neuen sozialen Kontext. Unter anderem ließ er Wohnhäuser für die Mitarbeiter erbauen und gründete eine Ferienkolonie am Meer für deren Kinder. Auf seine Initiative hin wurde in den 1930er Jahren in Zusammenarbeit mit Rosenthal das Tischporzellan »Verbano« entwickelt, aber auch die massigen Keramik-Isolatoren für die Eisenbahn stellte man hier her.

Seit Anfang der 1970er Jahre wird die Geschichte der Keramik im Museum im Palazzo Perabò erzählt, einem großen, wunderschönen Wohnhaus am See mit Arkadengang und einer Rundbogengalerie um einen stillen Innenhof, durch den im Sommer die Mauersegler sausen. Das Gebäude hat schon viel erlebt: Um 1700 von der adeligen Familie Conti Guilizzoni erbaut, war es zwei Jahrhunderte lang im Besitz der Kirche, später beherbergte es eine Grundschule und ein Altersheim.

Richard Ginori, der auch die Idee zu dem Museum hatte, leitete ab 1965 die Geschicke der Produktion, gefolgt von der Künstlerin und Designerin Antonia Campi. Deren Werke sind nicht nur keramischer Natur. Ihre Schere »Neto 334« befindet sich im MoMA in New York. Ihrem Werk ist der Saal 8 gewidmet – für die SCI entwickelte sie Sanitärkeramik und Fliesen – die Serie »Mare« mit Fischen und Seesternen entwarf sie für die Kinderkolonie in Pietrasanta.

Ganz entzückend aber sind die farbigen Pinselzeichnungen von Guido Andlovitz. Das Service »Vecchia Milano« von 1926 zeigt eine Serie feiner Veduten des Lago Maggiore mit Gärten und Schiffen am See.

Adresse MIDeC – Museo Internazionale Design Ceramico, Lungolago Perabò 5, I-21014 Cerro | Anfahrt SP 69 von Ispra oder Luino | Öffnungszeiten Di–So 10–12.30 Uhr, Fr, Sa, So zusätzlich 14–17 Uhr | Tipp Sehr beeindruckend, wenn auch leer stehend, ist die elegante Fabrik der Società Ceramica Italiana (Via Buozzi 2) – mit eigenem Bahnanschluss. Man ahnt, von welch immenser Bedeutung dieser Industriezweig einst für die Region war.

31 Das Museo Alfredo Binda

Zwei Holzfelgen und 28 rohe Eier

»Wer glaubst du, wer du bist?!«, schallte es ihm keuchend hinterher, wenn er auf seinem grünen Legnano-Rennrad zwischen Gemonio und Luino seine Trainingsrunden drehte: Na, Alfredo Binda, wer sonst! Der erste Straßenweltmeister der Historie anno 1927 auf dem Nürburgring. Auf Italiens Straßen fuhr man ihm in den 1920er Jahren so regelmäßig hinterher, dass es 1930 nur noch ein Mittel gab, um den Bayern-München-Effekt im Straßen-Radsport zu verhindern: Man bot dem Unbesiegbaren die Prämie für den Giro d'Italia von 22.500 Lire im Voraus an, damit er aufs Rennen verzichtete. Er nahm an – und holte sich stattdessen erneut den Weltmeistertitel.

Im roten Bahnhofsgebäude von Cittiglio erzählt der Museumsführer solche Geschichten und schmettert dazu gekonnt den Italo-Schlager »Mamma«, um auch dem Tenor und Binda-Verehrer Benjamino Gigli noch alle Ehren zu erweisen. Dabei war Binda das Rennrad nicht in die Wiege gelegt worden, doch war seine Geschichte symptomatisch: Aufs Rad stieg das zehnte von 14 Kindern einer Arbeiterfamilie eigentlich erst, um als junger Stuckateur von einer Baustelle zur nächsten zu gelangen. Drei Jahre später feierte man ihn als Giro-Gewinner, gedopt durch 28 rohe Eier aus dem Hühnerstall seiner Mutter: *»Il fegato si arrangia!«* – »Die Leber macht's mit!«

In seinem Todesjahr 1986 retteten treue Fans seine Reliquien aus einem feuchten Keller für das kleine Museum vis-à-vis dem grazilen Rennradler-Denkmal an der Piazza Alfredo Binda. Und so ruhen hier neben den Weltmeisterrädern auf Holzfelgen die leichten Lederschuhe, seine getönten Rennbrillen und ganzseitige Huldigungen der »Gazzetta dello Sport« für den italienischen Ehren-Commendatore.

Ums Museum herum sausen die Pulks der Straßenrennfahrer, die sonntags die filigrane Herrschaft auf Norditaliens Straßen übernehmen; und doch bleiben sie alle nur die *gregari*, die Wasserträger von Alfredo Binda.

Adresse Museo Alfredo Binda, Via Guglielmo Marconi 31 (Piazza Alfredo Binda), I-21033 Cittiglio | **Anfahrt** über die SS 394 bis Cittiglio, rechts am Krankenhaus vorbei in die Via Marconi; auch Züge der Trenord bis Cittiglio | **Tipp** Von Laveno lohnt ein Fahrradausflug ins Dorf des Weltmeisters: durch bunte Vegetation, vorbei an Brunnen mit Bänken fürs Picknick, bis ins Zentrum Cittiglios. Profis versuchen sich an Bindas Trainingsstrecke: von Cittiglio nach Vararo mit dem Berggasthof Capanna Cigliola, weiter über den Passo Cuvignone nach Castelveccana am See.

32 Lucio Fontanas Atelier

Mit kühnem Schnitt zum Weltruhm

Auf dem Friedhof in Comabbio ragt der Grabstein der Familie Fontana als abstrakte Stele aus der Vielfalt der Formen italienischer Sepulkralkultur heraus. 1934 entwarf Lucio Fontana selbst ein Grabmal – für die Familie Bestetti –, die Hinwendung des jungen Künstlers zu rein geometrisch-abstrakten Formen manifestiert sich hier deutlich. Im Kontrast dazu steht daneben die Marmorbüste, die der Vater Luigi 1889 geschaffen hat – in naturgetreuem Realismus, typisch für die Grabmalkunst jener Zeit.

Der Vater des berühmten Bildhauers, Malers und Keramikers Lucio Fontana stammte von hier. Als Bildhauer emigrierte er nach Argentinien, wo 1899 sein Sohn Lucio geboren wurde. Die wohlhabende Familie konnte es sich leisten, den Sohn 28-jährig zum Studium nach Mailand zu schicken. Nach realistischen Anfängen wurde ihm bald klar, dass er einen neuen künstlerischen Ansatz finden müsse, hin zum Ursprung der Form. Als sein wichtigster Beitrag zur Kunstgeschichte gilt das in den 1940er Jahren entwickelte *concetto spaziale*, der entgrenzte Raum. Fontana schlitzte Leinwände auf, sie werden zu einem neuen Ganzen, zu Bild und Objekt zugleich, in dem die jahrhundertealten Kunstgattungen aufgehoben sind. Der Schnitt ist dreidimensionale Zeichnung, Linie im Raum und deutet den Bildträger um zum skulpturalen Objekt, hinter dem sich der Raum öffnet. Lucio Fontana hat Comabbio immer wieder aufgesucht, bis er sich vor seinem Tod 1968 ganz dorthin zurückzog.

Die Mailänder Fondazione Lucio Fontana ist eine mächtige Instanz. Nicht nur untersteht ihr das Ausstellen der Echtheitszertifikate für die sich im Umlauf befindenden Werke. Sie ist zudem auch verantwortlich für Fontanas Haus in Comabbio. Leider ist es sehr schwer, Kontakt zu jemandem aus der Stiftung zu bekommen, der bereit wäre, Haus und Atelier zu öffnen. Man sagt, es sei alles so geblieben, wie der Künstler es hinterlassen hat.

Adresse Wohnhaus: Via Lucio Fontana 472-398, I-21020 Comabbio; Friedhof: Via Labiena 674, I-21020 Comabbio | **Anfahrt** von Vergiate beziehungsweise Besozzo über die SS 629 | **Tipp** Ein kleiner Spaziergang ins Dorf führt zur Sala Lucio Fontana, die im Sommer Ausstellungen zeigt. Von der Kirche hat man einen ganz anderen Blick auf den Lago di Comabbio, den Lago di Monate und den Lago Maggiore.

33 Der Rathaussaal

Die Geburtsstunde der italienischen Verfassung

Das italienische Ossolatal ragt als piemontesischer Keil von 1.600 Quadratkilometern in die Schweiz; im Südosten hat es am Lago Maggiore seine Grenze. Hier ereignete sich nicht nur die europäisch-afrikanische Kontinentalverschiebung, sprich die Geburt der Alpen, sondern auch die erste demokratische Regierungsbildung Italiens. Nebst Verwaltung und Zivilgesellschaft.

Der entscheidende Ort dieser Revolution ist offen zugänglich: der heutige Ratssaal, zugleich »Sala della Storica Resistenza«, im Rathaus von Domodossola, Hauptstadt der freien Partisanenrepublik Ossola von 1944. Hierarchisch ist er auf das Abbild Ettore Tibaldis an der Stirnseite des Gemeinderats ausgerichtet, auf den sozialistischen Krankenhausmanager.

In der Nacht des 9. September 1944 jagten die Partisanendivisionen Valdossola und Valtoce die Nazis davon. Am 10. September um 24 Uhr eröffnete der untertags aus dem Schweizer Exil gerufene Tibaldi als Präsident die erste Sitzung der pluralistisch besetzten Giunta Provvisoria der Republik Ossola. Sein Verwaltungschef wurde der Aktionist Severino Cristofoli, Ministerin für die Zivilgesellschaft die Kommunistin Gisella Floreanini. Damit bleibt sie für immer die erste Ministerin, die Italien je hatte – mit der sansculottischen Aufgabe, die politischen Entscheidungen mit den Volksmassen und den Massenorganisationen abzustimmen. Diese fielen quasi im Minutentakt. Innerhalb weniger Wochen funktionierten die Außenkontakte zur Schweiz sowie zum Befreiungskomitee (CLN) und den Alliierten, Briefmarken wurden mit »CLN – Ossola Libera« überdruckt, eine Radiostation wurde gegründet, Straßen umbenannt, Rachejustiz unterbunden, die Großindustrie höher besteuert, die Versorgung der Bevölkerung gesichert, das Erziehungssystem auf »auto-educazione« umgestellt. 44 Tage dauerte die Freie Republik Ossola. Dann übernahmen bis zum 24. April 1945 noch mal die Nazis die Macht.

Adresse Rathaus, Piazza Repubblica dell'Ossola 1, I-28845 Domodossola | Anfahrt vom Bahnhof in 1 Minute mit dem Auto; zu Fuß in 5 Minuten über Corso Paolo Ferraris und Corso Fratelli di Dio | Öffnungszeiten Mo–Do 9–12 Uhr | Tipp Am Gleis 1 ist im Bahnhof eine Gedenktafel angebracht, die auf die Unterstützung der Partisanenrepublik durch die Schweiz hinweist. Diese half nicht nur der Regierung Tibaldi mit Lebensmitteln und Geld aus, sondern nahm nach der Rückkehr der Nazis im Oktober 1944 auch Tausende Flüchtende auf.

34 Das Gestüt am Seeufer

Das Vollblut Ribot und seine Kinder

Einen Verkehrskreisel in der lang gezogenen Verbindungsstraße zwischen Sesto Calende und Arona ziert ein immergrünes Buchsbaumpferd: Ribot. Ob er der schönste und eleganteste Hengst der internationalen Galopprennbahnen der 1950er Jahre gewesen ist, sei dahingestellt, sagt Alessandro Pintore, der heute die 20 Vollblüter des weltberühmten Gestüts mit seiner Rasse Dormello-Olgiata betreut. Eine ungeheure Lust am Rennen aber habe diesen 16-fachen Gewinner mit der Riesenlunge ausgezeichnet, der wohl der erfolgreichste Galopper aller Zeiten war.

1952 in England geboren und als Fohlen vom ehrgeizigen Züchter Federico Tesio nach Dormelletto gebracht und ausgebildet, ist Ribot bis heute in gewisser Weise noch aktiv. Über 80 Rennpferde, die von diesem legendären Hengst abstammen, sind noch unterwegs – »Tempesti« ist derzeit das schnellste Rennpferd Italiens. Über Tesio wie auch über Ribot, »den viertbedeutendsten Sportler des 20. Jahrhunderts«, so »Il Corriere della Sera«, wird in Italien mit Ehrfurcht gesprochen. Beide sind aus einer Zeit, als die Pferdezucht und der sonntägliche Rennbahnbesuch zum Beispiel im Stadion San Siro in Mailand oder im Ippodromo Le Betulle in Varese populär waren. Sicher aber habe diese Begeisterung der Italiener zum Galopprennsport auch abgenommen, so Pintore, weil die Italiener es nicht hinbekommen hätten, mit der Zeit zu gehen, sich den neuen Bedingungen anzupassen. Die elektronischen, schließlich digitalisierten Pferdewetten hätten wohl dazu beigetragen, den Enthusiasmus für den Rennsport zu mindern – oder aber auch die Tatsache, dass diese Pferde nur eine kurze Zeit lang aktiv sein können, um dann ausgepowert im Bestfall noch als Zuchtpferde weiterzuleben.

Vom Gestüt sieht man hinter einer langen Zypressenallee nur die Weideflächen, die weitläufig zum See hin abfallen, und die eleganten Gebäude mit den Stallungen aus dem 19. Jahrhundert.

Adresse Villa Tesio, Strada Statale del Sempione 25, I-28040 Dormelletto | **Anfahrt** Via Sempione / SS 33 von Arona oder Sesto Calende, Abzweig nahe dem Ribot-Kreisel | **Öffnungszeiten** Gestütsbesichtigung unter www.tenutasanguido.com vereinbar | **Tipp** Der Schilfgürtel von Dormelletto ist ein Naturschutzgebiet zwischen Arona und Castelletto Ticino. Hier finden viele Fische und 100 Vogelarten ein ideales Habitat. Einzelne Wege führen durch das Gebiet, das vom Camping Village Lago Maggiore oder vom Badestrand Pirolino zugänglich ist.

35 Die Casa della Resistenza

Das ikonische Foto der Cleonice Tomassetti

Es war Cleonice' erster Tag mit den Partisanen, und es war ein langer, mühsamer Aufstieg. In einer Almhütte übernachteten sie. Sie wussten nicht, dass die Faschisten und die SS zu Tausenden begonnen hatten, das Tal nach den paar hundert Partisanen zu durchkämmen, die sich ins Val Grande zurückgezogen hatten. Als sie erwachten, war die Hütte umstellt. »*Una mattina mi sono svegliato, o bella ciao, bella ciao, bella ciao, ciao, ciao [...] e ho trovato l'invasor.*« (»Eines Morgens, als ich erwachte, o du Schöne [...] stand der Feind vor mir.«)

Man brachte sie nach Intra ins SS-Hauptquartier. Viele wurden gefoltert und umgehend getötet. 46 von ihnen mussten sich zu einem Zug formieren und auf der Seestraße zum Hinrichtungsort nach Fondotoce marschieren, als abschreckendes Beispiel für die Bevölkerung, die aber demonstrativ ihre Fensterläden verschloss.

Unter den Pappeln am kleinen Mergozzo-Kanal wurden sie am 20. Juni 1944 erschossen. Cleonice Tomassetti war die Erste. Auf den Erinnerungstafeln in der Casa della Resistenza gewinnt das Foto von ihrer Ankunft ikonischen Charakter. Auf diesem berühmten Bild der Todgeweihten steht Cleonice Tomassetti in der ersten Reihe. Als einzige Frau, mit Kopftuch und Handtasche und in Kleidern, die man für sie zusammengesucht hat, weil ihre eigenen blutig und zerrissen waren. Sie hält den Kopf gesenkt, trotzig, um nicht in die Kameras der Schergen zu blicken. Während des Marsches zur Hinrichtung war sie es, die die Gefährten beruhigte und ermutigte. Noch im Fallen rief Cleonice »Viva l'Italia!«, und alle anderen fielen ein. Spätestens in diesem Moment wendet sich das zynisch gemeinte Spruchband über ihren Köpfen gegen ihre Mörder: »*Sono questi i liberatori d'Italia oppure sono i banditi?*« (»Sind das die Befreier Italiens oder Banditen?«) – und macht Cleonice Tomassetti zu einer der unvergessenen Ikonen des italienischen Widerstands.

Adresse Via Filippo Turati 9, I-28924 Verbania | **Anfahrt** von Verbania über die SS 34 Richtung Gravellona, hinter Fondotoce rechts auf die Via Malpensata, dann sofort links in die Via Filippo Turati | **Öffnungszeiten** Mo–Fr 9–12.30 und 14–17.30 Uhr | **Tipp** In den hinteren Räumen findet sich – eher im Verborgenen – ein umfangreiches Archiv. Gern zeigt Matteo Giorgetti, der junge Historiker, auf Nachfrage auch den Ort, der ihm für seine Arbeit mit Schülergruppen am wichtigsten ist: die Rauminstallation zur italienischen Verfassung der Nachkriegszeit.

36 Die Mündung des Toce

Vogelstimmen im verwunschenen Schilfgürtel

Wenn der Toce, vom Griespass kommend, sein Mündungsgebiet bei Verbania erreicht, hat er bereits viel geleistet. Bei Frua stürzt er sich über die Felsen und bildet mit 143 Meter Höhe einen der höchsten Wasserfälle der Alpen. Im Val Antigorio höhlten seine wirbelnden Wasser tiefe Schluchten aus. Und mit seinen Ablagerungen schuf er die Schwemmebene, die den Lago di Mergozzo vom Lago Maggiore trennte.

An seiner Mündung ist es dem Toce gelungen, einen charmanten kleinen Strand zu kreieren. Dieser Strand liegt im Schatten des Wurzelwerks eines umgestürzten Baumes direkt an der Toce-Mündung. Breit, wie man Huckleberry Finns Mississippi wähnt, wälzt sich der Strom hier nach seinem 76 Kilometer langen Weg in den See. Gemächlich treiben auf seinem Rücken silbergraue Geflechte aus Ästen, Zweigen und einer hölzernen Wurzel, auf denen sich Seidenreiher zum Fischfang niederlassen, gen Süden. Oft findet das Treibholz dann erst im Golf von Quassa, dem einzigen Strand, der nach Norden ausgerichtet ist, seine Ruhe.

An der Toce-Mündung liegt eine der letzten großen Schilfzonen des Lago Maggiore. Sie zeichnet sich durch eine große Artenvielfalt aus und ist seit 1990 Naturschutzgebiet. Es ist ein Zauber ganz eigener Art, durch dieses Schilfreservat zu wandern, mit dem feinen Spiel von Licht und Schatten zwischen den spitzen blaugrünen Blättern. Sänger dieses Röhrichts ist der Drosselrohrsänger, dessen Stimme klingt, als würden sich die windbewegten, steifen Blätter aneinanderreiben. 130 Vogelarten hat man gezählt, Amphibien finden hier ihr Paradies: Kammmolche, die nur in sauberem Gewässer überleben können, und kleine grüne Teichfrösche, die sich höchstens vor den Wassernattern fürchten müssen. Die Stars der Toce-Mündung aber sind – neben dem kleinen Strand am Schilfrand – die sehr selten gewordenen Wasserkastanien, die hier noch ein Plätzchen zum Überleben entdeckt haben.

Adresse I-28924 Fondotoce | **Anfahrt** Stadtteil von Verbania, an der SS 34 zwischen Feriolo und Suna, Bahnhof in Verbania-Pallanza | **Tipp** Das Toce-Naturschutzgebiet beherbergt einen Campingplatz und ein Zentrum für die Erforschung der Migrationswege von Zugvögeln, die »Ente Parchi e Riserva Naturale del Lago Maggiore« (Via Canale 48).

37 Die Brutti e Buoni

»Garstig und gut« – das Originalgebäck von Veniani

Natürlich möchte man von einer Reise an den Lago Maggiore auch etwas mitbringen: Nicht zu großspurig soll es sein, nicht kitschig, nicht das Übliche. Vielleicht eine Tüte »Brutti e Buoni«, die »Garstigen und Guten«? Je zu zweien sind sie in knisterndes blau bedrucktes Papier mit zu Rüschen gedrehten Enden verpackt. »Veniani Costantino, Premiata Fabbrica, Brutti e Buoni, Piazza degli Uffici, Gavirate« ist daraufgedruckt, daneben eine kleine Handzeichnung eines turmartigen Gebäudes unter Bäumen.

Aus dem Papier schälen sich eierschalenfarbene Häufchen, an mancher Stelle abgestoßen, dunkle Splitterchen im fragilen, so spröden wie luftigen Gebilde. Sie erscheinen wie etwas ungeschickt von Hand Geformtes, Aussortiertes. Das Gebäck ist komponiert aus Eiweiß, Zucker, Vanille, Nüssen aus dem Piemont und gerösteten Mandeln aus Sizilien – und es schmilzt im Mund, zergeht wie Schaum. Oft imitiert, findet man es in vielen Konditoreien *(pasticcerie)* der Lombardei. Das Original aber stammt vom schnauzbärtigen Konditormeister Costantino Veniani, der nach Lehrjahren in Mailand zusammen mit seiner Frau Giuseppina Anderwill in Gavirate die noch bestehende Caffè-Pasticceria gründete. Die »Brutti e Buoni« wurden rasch berühmt – es waren auch die hauseigenen Konditorlehrlinge, die das Know-how weitergaben, nicht aber das Rezept. Giuseppe Verdi und die Königin Elena von Savoyen haben sie geschätzt, Lucio Dalla und Rita Pavone sollen regelmäßig vorbeigekommen sein. Die Erben in fünfter Generation, die noch nach dem Originalrezept backen, haben das Sortiment erweitert und bieten die Makronen nun auch mit Schokoladen-, Zimt- und Kokosgeschmack an.

Man kann sie in dem quirligen Café zu einem Espresso genießen, mit einem Glas Prosecco oder auch zum *Caffè corretto* mit »Elixir al Borducan« (das algerische Wort für Orangen), einem regionalen Likör aus Orangenschalen, Gewürzen und Kräutern.

Adresse Pasticceria Veniani, Piazza Matteotti 4, I-21026 Gavirate, www.bruttiebuoni.it | **Anfahrt** von Varese über die SP 1, von Gavirate über die SS 394, im Zentrum parken und der Via Garibaldi folgen | **Öffnungszeiten** täglich 7.30 – 13 und 14 – 19.30 Uhr | **Tipp** In der Via Garibaldi 25 lädt das seit über 40 Jahren bestehende Käsegeschäft Casa del Formaggio mit unzähligen regionalen und überregionalen Käse- und Wurstsorten zum Besuch.

38 Die Kirche San Pietro

Ein wiederentdeckter langobardischer Altar

San Pietro, *monumento nazionale italiano*, ist ein architektonischer Schatz lombardischer Romanik und bis heute in seiner ursprünglichen Struktur erhalten. Als Gemonio 1636 von den Franzosen zerstört wurde, blieb das Kirchlein ungewissen Alters unversehrt. Laut mündlicher Überlieferung ließ die Langobardenkönigin Theudelinde die Kirche errichten. 712 soll sie dann König Luitprand dem Kloster San Pietro in Pavia geschenkt haben. Sicher ist, dass Mönche um das Jahr 1000 den Glockenturm aus Bruchsteinen und Kieseln der Region erbauen ließen, das linke Seitenschiff ergänzten, es durch breite Bögen mit dem Hauptschiff verbanden und die Apsiden mit Friesen verzierten.

Die Fresken im Inneren entstanden zwischen dem 10. und dem 15. Jahrhundert, als ein drittes Schiff hinzugefügt wurde. Während der großen Pest 1631/32 diente San Pietro als Lazarett, die Wände wurden dick mit desinfizierendem Kalk übertüncht. Bei Restaurierungsarbeiten 1960 kamen die Fresken und auch ein weiteres kunsthistorisches Kleinod wieder ans Licht: Als die Restauratoren die barocke Holzverkleidung des Hauptaltares entfernten, erschien dahinter der Altar der Ur-Kirche, ein weißer Block mit aufgemalten roten Symbolen.

Das Hauptmotiv ist die »Blume des Lebens«, eine sechsblättrige, streng geometrische Blüte. Seit der späten Bronzezeit im Mittelmeerraum nachgewiesen, ist sie eines der ältesten religiösen Symbole der Welt. Schon 6000 vor Christus erschien sie an einem ägyptischen Tempel, ursprünglich wohl als Sonnen- und Fruchtbarkeitssymbol. Sie verweist auf den zyklischen Kreislauf des Lebens, auf Wiederkehr und Wiedergeburt. Der Kreis, in den die Blume eingezeichnet ist, bezieht sich auf die Ganzheit des Lebens. Für die Langobarden war die »Blume des Lebens« Sinnbild der christlichen Auferstehung und des ewigen Lebens. Auf den beiden flankierenden Himmelsleitern steigen die Seelen der Toten zum Himmel auf.

Adresse Via Giuseppe Verdi / Via Isonzo, I-21036 Gemonio | **Anfahrt** hinter dem Gewerbegebiet von Besozzo SS 629 in Richtung Cittiglio | **Öffnungszeiten** So ab 8.30 Uhr während der Messe; Krippe in der Kirche zur Weihnachtszeit tagsüber zugänglich | **Tipp** Vom mittelalterlichen Burgturm in Cocquio-Trevisago ist nur die westliche Mauer mit den Schießscharten, Bogenfenstern und dem spitzbogigen Eingangstor erhalten. Er stammt aus dem 7. bis 8. Jahrhundert und liegt an der Straße nach Gavirate in der Località Sant'Andrea.

39 Das Museo Salvini

Der alte Maler in der alten Mühle

Die Mühle des Innocente Salvini (1889–1979) liegt versteckt in einem kleinen Tal, in einer Mulde am Bach Viganella, der selbst in heißen Sommern noch plätschernd die Umgebung kühlt. Bis in die 1950er Jahre in Funktion, taucht die Mühle aber schon im 17. Jahrhundert in Maria Theresias Katastern auf, Zeichen ihrer überregionalen Bedeutung in der frühen Industriekultur. Auch heute würde das System der Mahl- und Hebewerke und das Transportsystem für das Korn immer noch funktionieren – würde es denn gebraucht werden. Salvini hat es erfindungsreich umgebaut, um dort in Ruhe malen zu können.

Bei Besichtigungen des Museums wird das Mühlrad aber gern mit einem einfachen Holzpflock entsichert, dann klappert die Mühle, und man taucht ein in das Leben im Haus der Salvinis. Drei der Geschwister blieben unverheiratet und lebten lange mit der Mutter in dem hübschen Gehöft, dessen Außenwände Fresken des Malers zieren. Die Familie ist heute noch präsent in den Gemälden Salvinis, dessen malerische Sujets der unmittelbaren Umgebung entnommen sind. Der Bruder Giuseppe lehnt mit sonnendurchflutetem Haar an einem Baum, während die Schweine – die nie geschlachtet werden durften, weil Innocente die Tiere liebte – um seine Beine streunen. Die Mutter ist in vielen Bildern Protagonistin, so sehr Bäuerin wie Heilige, und die ganze Familie steht stumm um eine lange Tafel, während die Mutter eine große Polenta, das Abendmahl der einfachen Leute, anschneidet.

Wie dieses Fresko ist das ganze Werk Salvinis geprägt von religiösen Bezügen. Seine oft großformatigen Bilder sind von einer warmen bis glühenden Farbigkeit, und die Motive erscheinen wie in mythologischer Überhöhung, die weichen, fließenden Konturen aufgelöst, in einem auratischen Licht, einer Stimmung von magischem Realismus. »Farbe ist für mich wie ein Delirium«, sagte der Künstler. Trotz ihres Bezugs auf Realität sind seine Bilder reine Vision.

Adresse Contrada Salvini 5, I-21034 Cocquio-Trevisago | **Anfahrt** über die SS 394, am Kreisel in Gemonio in die Via Castelli, dann in die Via Solferino und bis zur Contrada Salvini | **Öffnungszeiten** Sa, So 15–18 Uhr | **Tipp** Das Museo Civico Floriano Bodini in einer ländlichen Villa aus dem 18. Jahrhundert im lombardischen Stil zeigt Werke des Bildhauers Floriano Bodini und anderer bekannter italienischer Künstler (Via Marsala 11, www.museobodini.it).

40__Das Pilzhaus

Ein Pilz ist ein Pilz ist ein Pilz

Wegen der viel befahrenen Straße kurz vor dem Kreisel und der Allee zur romanischen Kirche San Pietro kann man den kleinen Laden leicht übersehen, obwohl eine große hölzerne Steinpilzgruppe täglich morgens auf dem Gehweg postiert wird.

Betritt man diese Wunderkammer, kommt man aus dem Staunen kaum heraus. Seit über 50 Jahren in Familienbesitz, ist »La Casa del Fungo« nicht nur Umschlagplatz für alle möglichen Pilze in unterschiedlichen Verarbeitungsformen, sondern auch ein Museum. Gezeigt werden auf alten Fotos besondere Pilzfunde aus dem Piemont, wo die Familie Barbiero einst ihr Gewerbe begann; wunderschön gearbeitete Pilzfamilien eines lokalen Holzbildhauers führen oben auf den Regalen über historischen Weinflaschen ihr Eigenleben. Schon Ötzi, der im Gletschereis entdeckte, 5.000 Jahre alte Vorfahre, trug an seiner 300 Kilometer von hier entfernten Fundstelle zwei Pilze im Gepäck.

Im frühen Herbst ist die Kühltheke gefüllt mit frischen Pilzen in erdigen rotbraunen bis hellgelben Farben, die man verarbeitet oder im Naturzustand hier abgewogen bekommt. Schwarze Kugeln, die Sommertrüffeln, wirken wie dazwischengestreute Meteoriten. Auf den Wandregalen stehen goldglänzende Gläser mit dem schönen *Boletus*, dem Steinpilz, der aus ganz Mittel- und Osteuropa besorgt wird. Nicht alle der unzähligen Produkte, wie die getrockneten Pilze, die gern in der Polenta und im Risotto verwendet werden, werden lokal produziert. Man arbeitet aber mit vielen kleinen Betrieben zusammen, die diese Delikatessen in Handarbeit herstellen. Von Pesto- und Sugosorten über Marmelade bis hin zu mit Trüffeln eingelegten Sardellen ist das Pilzhaus eine kulinarische Herausforderung und eine Reise in ein ungeahntes Wunderland.

Der »Gambero Rosso«, eine Zeitschrift für Gastronomie, benennt jedes Jahr die besten Geschäfte Italiens, auch die »Casa del Fungo« gehört dazu.

Adresse La Casa del Fungo, Via Giuseppe Verdi 27, I-21036 Gemonio, www.lacasadelfungo.it | **Anfahrt** über die SS 629 von Besozzo oder die SS 394 von Cittiglio, beim Kreisel mit Blick auf San Pietro parken | **Öffnungszeiten** täglich 9–12.30 und 15.30–18.30 Uhr | **Tipp** Der Sentiero 17 im Regionalpark Campo dei Fiori beginnt in Cocquio (Via G. Marconi, beim Bahnhof) und führt in einem Spaziergang von dreieinhalb Stunden (6,5 Kilometer) auf den westlichen Gipfel des Bergrückens Forte d'Orino. Im Karstgestein des Berges gibt es ein System von 130 Höhlen mit einer Gesamtlänge von 30 Kilometern: *Le grotte del Campo dei Fiori*.

41 Die Seidenfabrik Stehli

Harte Arbeit für edle Textilien

Gelegentlich findet man an Wegrändern noch einige Schösslinge des Maulbeerbaums, der heute fast verschwunden ist. Im 19. Jahrhundert aber war er der am häufigsten gepflanzte Baum der Region. Die Seidenproduktion am Lago Maggiore ernährte viele Familien. Fast jede Bauernfamilie züchtete nebenbei Seidenraupen, die Larven des Seidenspinners *Bombyx mori*, die in einem Monat das Tausendfache ihres Körpergewichts fressen. Danach verpuppen sie sich in einem Kokon aus Seide, in dem sich die Metamorphose zum Falter vollzieht.

In China ist die Herstellung von Seide schon seit etwa 5.000 Jahren bekannt. Über die Seidenstraße wurde der feine Stoff ans Mittelmeer transportiert. In Italien begann man im Spätmittelalter – zunächst in Venedig –, Seide kommerziell herzustellen.

Die Seidenfabrik Stehli am Ufer der Tresa in Germignaga wurde 1839 von dem Schweizer Industriellen Huber gegründet, 1885 von der Familie Stehli, auch sie renommierte Seidenweber, als Dependance zu ihrer Fabrik bei Zürich übernommen. 1893 arbeiteten 849 Menschen hier unter härtesten Bedingungen: zu kalt im Winter, zu heiß im Sommer, schlechte Hygiene und Nahrung. Vor allem erwachsene Frauen, aber auch mehr als 300 Mädchen zwischen neun und zwölf Jahren schufteten hier bis zu 13 Stunden täglich. Es gibt unzählige Berichte und sogar ein Buch, das die vielen Lebensgeschichten in der Fabrik dokumentiert.

Die Produktion von Seide wurde zwischen den Weltkriegen fast überall in Europa eingestellt, die kleinen Familienbetriebe verschwanden, und synthetische Fasern eroberten den Markt. Stehli aber schloss seine Tore erst um die Jahrtausendwende. Das rote Gebäude und etliche weitere Anlagen gingen in den Besitz der Gemeinde über, die bisher noch keine Verwendung für die Bauten gefunden hat. Eine Anekdote zum Schluss: Drei Mitglieder der Besitzerfamilie Stehli waren unter den Überlebenden beim Untergang der »Titanic« im April 1912.

Adresse Via Roberto Stehli, am Ufer der Tresa, I-21010 Germignaga | Anfahrt auf der SS 394 ab Luino kurz vor der Brücke über die Margorabbia | Tipp Das hübsche Gebäude »Ex Colonia Elioterapica« in der Via Bodmer in Luino wurde 1933 als sommerliches Therapiezentrum für Kinder auf dem ehemaligen Pier gebaut. Die Seepromenade in Luino, der Lungolago, lädt zum Flanieren und Baden ein.

42 Das Hutmuseum

Feiner Filz für Filmidole

Hätte die Abschiedsszene aus »Casablanca« ihre berührende Melancholie entfalten können, wenn sie nicht überschattet worden wäre von der weich geschwungenen Krempe des Borsalino? Gewiss wären uns die französischen Filmganoven Delon und Belmondo ohne ihren Fedora weniger geheimnisvoll erschienen.

Giuseppe Borsalino gründete seine Hutfabrik 1857 in Alessandria. Seine weichen Filzhüte aus feinem Biber- oder Kaninchenhaar erlangten weltweit Berühmtheit: Vor dem Ersten Weltkrieg stellte die Firma Borsalino jährlich fast zwei Millionen Hüte her. Der amerikanische Präsident Roosevelt trug ihn ebenso wie der berüchtigte Mafioso Al Capone. Der wohl bekannteste Hut der Welt ist der elegante Borsalino Fedora, mit breiter Krempe und perfekter Kurvenführung. Dieser neue Stil *Made in Italy* aus den 1880er Jahren wurde zur Ikone eines gesellschaftlichen Wandels, Fetisch für das neue Standesbewusstsein eines kultivierten Bürgertums. Zwischen dem aristokratischen Zylinder und den Baskenmützen der Arbeiter zierte er mit verwegener Leichtigkeit das männliche Haupt. Ab 1930 wurde der Fedora unverzichtbares Accessoire in Hollywoodfilmen und schuf die Wiedererkennbarkeit zahlreicher Stars.

Auch die Hutfabrik »Cappellificio Panizza«, gegründet 1879, stellte feine Filzhüte für Männer her, darunter Borsalino-Modelle, die dann ihrer Qualität wegen weltberühmt wurden. In Ghiffa mit seinen Jugendstilvillen und den prächtigen Parks voller botanischer Raritäten wirkt die Präsenz des großen Fabrikgebäudes aus rauem Stein, das unterhalb der Straße direkt an das Seeufer gebaut worden war, seltsam befremdlich. Aber man wusste, was man tat: Die Herstellung von Filz brauchte nun mal sehr viel Wasser. Nach der Schließung 1981 – Herren mochten mittlerweile keine Hüte mehr tragen, oder »Herren« gab es vielleicht gar nicht mehr – wurde hier ein Hutmuseum eingerichtet.

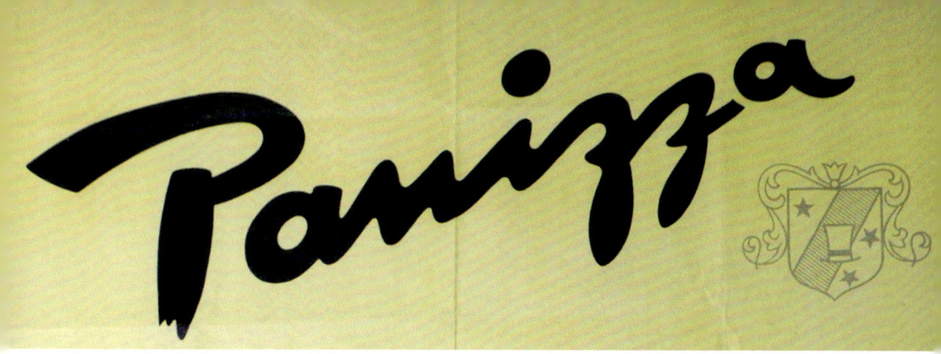

Adresse Museo dell'Arte del Capello di Ghiffa, Corso Belvedere 279, I-28823 Ghiffa, www.museodellartedelcappello.it | Anfahrt am Corso Belvedere / SS 34, direkt am See kurz vor beziehungsweise nach Ghiffa | Öffnungszeiten Sa, So 15.30 – 18.30 Uhr, Juli und Aug. auch Di und Do | Tipp Einmal pro Tag dreht es sich auf seiner Zentralachse um sich selbst: Das Uhrmacherhaus ist eine architektonische Kuriosität aus den 1970er Jahren (*La casa dell'orologiaio*, Corso Risorgimento 348).

43 Die Kapelle am Sacro Monte

Fragen zum dreifaltigen Jesus – ein Rätselbild

Die drei Kapellen des Sacro Monte, eines barocken Wallfahrtsorts, umgeben als besonders schönes architektonisches Ensemble die Kirche Santa Trinità mit dem als wundertätig verehrten Altarbild der Heiligen Dreifaltigkeit. Das Fresko stammt aus einer älteren Kirche, die schon 1591 dokumentiert ist. Ikonografisch gibt das Bild Rätsel auf. Das Dogma der Heiligen Dreifaltigkeit wurde 381 auf dem Konzil von Konstantinopel theologisch definiert und besagt: Gott besteht aus drei Personen, die eins sind in ihrer Wesensart, aber verschieden in ihrer Persönlichkeit. Die bildliche Darstellung dieses komplexen Mysteriums war schwierig. Man berief sich schließlich auf eine Bibelstelle, die von einem Besuch Gottes in Gestalt von drei Männern bei Abraham erzählt, der sie an seinen Tisch bat und bewirtete.

Das Fresko von Ghiffa zeigt abweichend davon drei identische Christusfiguren, dargestellt als Salvator Mundi, ein Bildtypus aus dem späten Mittelalter. Dieser wurde weltweit bekannt, als 2017 das Gemälde »Salvator Mundi«, möglicherweise von Leonardo da Vinci gemalt, für 450 Millionen Dollar versteigert wurde. Drei Figuren mit langem Lockenhaar heben segnend die rechte Hand, die linke ruht auf der Weltkugel, auf der im lichtblauen Ozean die Kontinente zu erahnen sind. Es ist wohl das Werk eines volkstümlichen Künstlers, denn die Hände sind plump wie Wurzelstöcke, die Finger knotig verdreht. Fast drohend blickt Christus unter gerunzelten Brauen auf den Betrachter.

Ungewöhnlich ist auch der eucharistische Bezug. Weist der auffallend präsentierte Kelch auf die Auseinandersetzungen jener Zeit über die Frage nach der realen Präsenz Christi in den Gestalten von Brot und Wein beim Abendmahl? Sollte das Bild den Standpunkt der Gegenreformation behaupten wollen, die in Italien besonders grausam gegen Protestanten vorgegangen war? Immer noch sind viele Fragen offen.

Adresse Via Santissima Trinità, I-28823 Ghiffa | Anfahrt von Ghiffa mit dem Auto auf der SS 34; oder zu Fuß in 1 Stunde auf dem bequemen Maultierpfad | Tipp Das botanisch interessante Naturreservat am Monte Cargiago umfasst 200 Hektar Wald. Vom Sacro Monte aus gibt es Wanderwege und Lehrpfade, die auch zu archäologischen Sehenswürdigkeiten führen.

44 Das Schirmmuseum

Als die Kinder auszogen, ein Handwerk zu lernen

In vielen Geschichten aus der vorindustriellen Zeit am See ist harte Kinderarbeit Teil des Narrativs. Sicherlich entstanden die kleinen Museen, die die Dichotomie zwischen Arbeit und (Luxus-)Produkt, also die Diskrepanz zwischen Arm und Reich thematisieren, unter anderem als Hommage an all diese oft namenlosen Handwerker. Früher kamen die Arbeitgeber in die Dörfer und riefen nach Schirmmacher-Lehrlingen: »*Ombrello, ombrello!*« Die meist minderjährigen Knaben lebten fortan getrennt von ihren Familien und unter nicht einfachen Bedingungen, unterernährt und in kalten Heuschobern. An Weihnachten kehrten sie nach Hause zurück, wo ihnen das sauer verdiente Lehrgeld gleich wieder abgenommen wurde.

An die magischen Fähigkeiten des Regenschirms – wie bei Mary Poppins – dachte Igino Ambrosini wohl kaum, als er 1939 sein erstes Schirmmuseum einrichtete. Er, der selbst aus einer Schirmmacherfamilie stammte, wollte diesem angesehenen Handwerk ein Denkmal setzen, das seit dem 18. Jahrhundert in der Region Vergante bezeugt ist. Allein 180 Schirmmacher, die schließlich weltweit arbeiteten, kamen aus Gignese: Es verschlug sie nach Venedig, Rom, in die Schweiz und sogar nach New York, San Francisco oder Sydney.

Das heutige Museum, 1979 eingerichtet und erbaut nach einem Entwurf, der drei aneinandergeschmiegte Schirme als Konstruktionsidee aufnahm, wurde von der Gemeinde und dem Freundeskreis ermöglicht. Es »beschirmt« nun eine Sammlung von über 2.000 Sonnen- und Regenschirmen unterschiedlicher Machart und Materialität. Das Wort *ombrello*, wörtlich »kleiner Schatten«, verweist auf die ursprüngliche Nutzung als Schattenspender. Seit 4.000 Jahren sind Schirme in China oder Indien als Insignien der Herrscher, die unter ihnen einherschritten, nachgewiesen. Im 17. Jahrhundert wurde der tragbare Sonnenschirm von Maria de' Medici in Frankreich eingeführt. Der Regenschirm aber wurde erst um 1930 populär.

Adresse Museo dell'Ombrello e del Parasole, Viale Golf Panorama 4, I-28836 Gignese | **Anfahrt** Gignese am Hang des Mottarone, 7 Kilometer von Stresa entfernt, erreichbar über zwei Straßen – auch mit dem Bus | **Öffnungszeiten** Di–So 10–12 und 15–18 Uhr | **Tipp** Der Giardino Botanico Alpinia, der 1934 ebenfalls von Igino Ambrosini gegründet wurde, ist spezialisiert auf alpine Pflanzen vor Seepanorama. Bei Gignese landete 1908 der Ballonfahrer Victor de Beauclair, dem als Erstem die Überquerung der Berner und Walliser Alpen in einem Flug gelang, mit seinem Ballon »Cognac«.

45 Die Textilfabrik Missoni

Internationale Ausstrahlung eines Familienbetriebs

Die Geschichte von Missoni begann auf der Olympiade 1948 in London, wo sich Ottavio Missoni, der italienische Meister im 400-Meter-Lauf, und die zehn Jahre jüngere Rosita Jelmini kennenlernten. Beide hatten schon mit Textilien zu tun: Ottavio in einer kleinen Fabrik für Trainingsanzüge in Triest, Rosita in der familiären Produktion von Schals und Bettwäsche. Sie heirateten 1953 und begannen im Souterrain des Wohnhauses in Gallarate mit ihrer ersten kleinen Kollektion, die ein paar Jahre später schon vom Mailänder Kaufhaus La Rinascente geführt wurde. Nach den ersten Veröffentlichungen in Zeitschriften gründeten sie 1969 in Sumirago ihre erste Produktionsstätte – neben dem Wohnhaus und dem Geschäft.

Mit der Eröffnung von Bloomingdale's in New York 1970 wird Missoni schnell in den USA bekannt. Aus demselben Jahr stammt die Idee des scheinbar beiläufigen Mischens und Überlappens von Mustern, die zusammen mit Patchworks, farbigen Zickzackstreifen, geflammtem Schwarz-Weiß und Regenbogenfarben bis heute Markenzeichen sind. Aus Folklore abgeleitete, abstrakte oder an afrikanische Stoffe erinnernde Muster, Strickpelze, Tweeds, Gummibänder – der Missoni-Stil wird unverkennbar und findet rasch internationale Beachtung. Die »New York Times« schreibt: »Die Missonis machen die besten Strickwaren der Welt und nach Meinung mancher die schönste Mode überhaupt.«

Der Familienbetrieb wächst in den kommenden Jahren immens, Kinder und Enkel sind involviert, Ausstellungen in Museen und Firmenkollaborationen häufen sich. Seit 1975 wurde die Kollektion zusätzlich durch Heimtextilien erweitert – in der Fabrik T&J Vestor in Golasecca, die von Rositas Bruder Alberto Jelmini betreut wird. Missoni steht immer noch für – weitgehend – lokale Produktion und verkauft auch im großen Fabrikladen, einem Feuerwerk aus Farben und Mustern. Ein Glitzern und Schillern, dem man sich kaum entziehen kann!

Adresse Viale delle Scuole 1, I-21010 Golasecca | Anfahrt SS 33 oder Autostrada dei Laghi, weiter auf der SP 27, ab Stresa Via per Gignese, dann auf der Via Stresa hinauf in das Dorf | Öffnungszeiten täglich 10–19 Uhr | Tipp Die entspannte Strandcafé-Bar Melissa Beach am Flussufer des Ticino in Golasecca lohnt einen Besuch. Hier kann man auch – im Missoni-Badeanzug – baden!

46 Das Musikzimmer

Wo die Zwischenkriegszeit ihr Ende fand

Vielleicht ist der prächtige Tafelaufsatz aus Porzellan, den Frankreichs Premierminister der Prinzessin Borromeo Arese als Gastgeschenk auf die Isola Bella mitbrachte, noch das netteste Erinnerungsstück an die traurige Konferenz von Stresa anno 1935. Das Porzellan unter Glas steht noch immer im Schloss: nahe dem Musikzimmer, in dem sich die Premierminister Großbritanniens und Frankreichs mit Mussolini trafen, um – kaum zu glauben – mit diesem eine Front gegen Hitler zu bilden. Doch ihre Abschlusserklärung, die man nur mit Audioguide findet, ist das vergilbte Papier nicht wert, auf das sie mit dünnem Farbband getippt ist.

Die Konferenz von Stresa war der Kontrapunkt zu einer brüchigen Friedenszeit in Europa, für die die Konferenz von Locarno den gefeierten Ausgangspunkt bildete. Während sich Deutschland in Locarno 1925 zu einer globalen Friedensordnung bekannte, wollte Stresa das Bollwerk gegen ein Hitlerdeutschland aufbauen, das den Versailler Vertrag gerade für passé erklärt hatte. Doch diese dreiköpfige »Stresa-Front« schaffte vor allem den Eigeninteressen der Konferenzteilnehmer Raum.

Selbst die gemeinsame Erklärung für »Frieden in Europa« klingt im Rückblick zynisch: Denn noch im selben Jahr ließ Mussolini von Frankreich und Großbritannien ungehindert seine Truppen in Äthiopien einmarschieren, zum brutalsten Giftgaskrieg seit dem Ersten Weltkrieg und der »systematischen Ausrottung einer Nation« (Haile Selassi vor dem Völkerbund 1936). Niemanden interessierte es in Europa. Parallel machte Großbritannien ernst mit seiner Appeasement-Politik und unterzeichnete mit Nazideutschland ein Flottenabkommen, sodass dieses nun auch auf See aufrüsten konnte. Und ein Jahr später verbündete sich Mussolini mit Hitler, um Franco unter die Arme zu greifen. Nach der Konferenz von Stresa im Inselschloss der Borromeos richtete sich die Welt auf den Zweiten Weltkrieg ein.

Adresse Palazzo Borromeo, I-28838 Isola Bella | Anfahrt Isola Bella von Stresa aus mehrmals täglich per Schiff zu erreichen, Infos unter www.navigazionelaghi.it | Öffnungszeiten täglich 10–17 Uhr, Infos unter www.isoleborromee.it | Tipp Wer im Sommer durch Stresa kommt, sollte sich vorher das Programm des jährlichen *Stresa Festivals* ansehen. Organisiert vom Verein »Musikwochen«, gehört es zu den großen europäischen Festivals für klassische Musik und Jazz mit Künstlern von Weltruf.

47 Die Grotte der Borromäer

Weiße Venus, bunte Kiesel

In der Antike wohnten Nymphen in Grotten. Den Wunsch, eine Grotte als »groteske« Wohnung einzurichten, bekundete Vitaliano VI. Borromeo 1662 in einem Brief an seinen Bruder. Er schrieb von »grottenartigen Sommerzimmern, wie ich sie im Palazzo della Favorita des Herzogs von Mantua gezeichnet gesehen habe«. Das Ende der Bauzeit dieser Abfolge von bewohnbaren, vom Garten aus einzeln betretbaren Zimmern auf Seehöhe hat Vitaliano nicht mehr erlebt. Sein Herz wurde im Jahr 1690 auf der Isola Bella begraben. Wo genau, weiß nur die Familie, die ihr Anwesen auch privat nutzt. Vom Festland aus deutlich sichtbar, wird dann die rotblaue Fahne gehisst.

Nach Vitalianos Tod kamen die Bauarbeiten deshalb zum Stillstand und wurden erst um 1760 wieder aufgenommen. Viel länger als erwartet dauerte die Beschaffung der verschiedenen Gesteinssorten, mit denen die Räume über und über verziert sind: schwarze und weiße Kiesel- und Tuffsteine, Lava, Kohlereste, Glimmer und Marmor aus Candoglia, aus denen auch der Mailänder Dom besteht.

Auf einem Ebenholzbett mit drapiertem Laken liegt die Venus: eine verstörend naturalistisch gestaltete, in weißem Marmor gearbeitete lebensgroße Figur, die anmutig ihre rechte Hand über den Kopf gelegt hat, als ob sie zu schlafen versuchte. Sehr androgyn wirkend, erinnert sie an den schlafenden Hermaphroditen in der Villa Borghese in Rom, eine nicht minder naturalistische, um 1700 von Bernini geschaffene Skulptur. Man könnte meinen, die beiden stammten aus derselben künstlerischen Hand, die römische Version ist aber mal Mann, mal Frau, je nachdem, von welcher Seite man sie betrachtet.

Gilberto V. Borromeo, der die Insel zu Repräsentationszwecken nutzte, stand Mitte des 18. Jahrhunderts kurz davor, diese dem Neoklassizisten Gaetano Monti zugeschriebene Venus zu verkaufen. Ein Besucher hatte sich über die Frivolität der Statue beschwert.

Adresse I-28838 Isola Bella | Anfahrt Isola Bella mehrmals täglich von Stresa aus per Schiff erreichbar, Infos unter www.navigazionelaghi.it | Öffnungszeiten Infos unter www.isoleborromee.it | Tipp Eine Pause in der Cafeteria an der kleinen Torre Noria und ein Besuch im Shop mit den Blumendüften aus Stresa sind zu empfehlen.

48 Das Fischereimuseum

Der Lieblingsort von Ugo Ara

Die kleine Insel war die Wahlheimat von Ugo Ara, einem aus Venedig stammenden Musiker. Zunächst als Orchestergeiger im Teatro La Fenice in Venedig angestellt, schloss er sich dem für seine Perfektion berühmten Streichquartett Flonzaley an. In den 25 Jahren seines Bestehens gab es in den großen Häusern Europas und 400 Städten der USA Konzerte. Sogar Strawinsky komponierte für Flonzaley! Heute werden 40 Aufnahmen auf Schellackplatten in der Schweizerischen Nationalphonothek in Lugano aufbewahrt – man kann sie mit einem Klick unter www.fonoteca.ch finden und hören.

Ara hatte sich in den Lago Maggiore verliebt, verbrachte hier seine Ferien und zog schließlich für 20 Jahre bis zu seinem Tod 1937 ganz auf die Insel, als er einer Verletzung wegen nicht mehr spielen konnte. Musiker und Komponisten gingen bei ihm ein und aus, vor allem der Stardirigent Toscanini, der auf dem nahe gelegenen Inselchen San Giovanni urlaubte. Ugo Ara ist auch auf der Isola dei Pescatori begraben. Er schrieb ein Buch über die Borromäischen Inseln, das ins Englische übersetzt wurde.

In dem bunten Wimmelbild aus Touristen und Souvenirständen ist das charakteristische alte Fischerdorf jedoch kaum mehr wiederzufinden. Daher sollte man dem Wegweiser nahe der Anlegestelle folgen, der durch schmale Gässchen auf die andere Seite der Insel führt, die nur 100 Meter breit ist. In einem der typischen, aus Platzmangel hoch gebauten Häuser ist im Erdgeschoss das kleine Fischereimuseum eingerichtet. Ugo Ara vermachte sein ehemaliges Wohnhaus mit Blick auf die Isola Madre der Gemeinde. In einem Raum mit Kamin und alten Deckenbalken erzählt es anhand von Filmen, Fotos, Schiffsmodellen und allerlei altertümlichen Geräten, die dem Fischfang dienten, von der Arbeit und dem Leben der Menschen, die seit dem 14. Jahrhundert dauerhaft die Insel bewohnten und vor allem vom Fischfang lebten.

Adresse Via al Giardino 6, Isola Superiore dei Pescatori, I-28838 Stresa | **Anfahrt** Isola dei Pescatori von Stresa aus mehrmals täglich per Schiff zu erreichen, Infos unter www.navigazionelaghi.it | **Öffnungszeiten** täglich 9–17 Uhr | **Tipp** Die Casa Museo Andrea Ruffoni (Via Zanetti 2) ist das Wohnhaus des Künstlers Andrea Ruffoni, der 1990 auf der Insel gestorben ist. In seinem Atelier und Garten verarbeitete er auch angeschwemmte Fundstücke künstlerisch.

49 Die Kaschmir-Zypresse

Eine wunderbare Rettungsaktion

Schon im 16. Jahrhundert erlaubte das milde Klima im Borromäischen Golf den Einheimischen, auf der Isola Madre Wein und Oliven anzubauen. Zum Botanischen Garten, einem der ältesten und schönsten in ganz Italien, machte sie aber erst der engagierte Naturforscher Graf Vitaliano IX. Borromeo 300 Jahre später.

1823 ließ er einen romantischen Landschaftspark anlegen. Leidenschaftlich an Botanik interessiert, holte er exotische Pflanzen und Samen aus aller Welt in seinen Park und machte seine Insel zu einem betörenden Kamelien-Kosmos. Von Februar bis Mitte April wird die Isola Madre seitdem in ein Meer aus Rot- und Rosatönen verwandelt. Mit Entzücken durchwandert man den Garten mit den ständig wechselnden Farben und Düften und den kostbaren botanischen Raritäten; wen wundert's da noch, dass Flaubert hier von einem »irdischen Paradies« sprach.

Nähert man sich der Villa von der Rückseite, bleibt man erstaunt vor einem großen, alten Baum stehen, der sichtlich beschädigt ist – trotz seiner frischen blaugrünen Nadeln und der noch immer stattlichen Krone. Einbetonierte Spannseile halten ihn aufrecht. Es ist eine Kaschmir-Zypresse, 1862 aus frischen Samen gezogen, die man Vitaliano aus dem Himalaja zuschickte – die älteste Zypresse Europas. Inmitten des Lago Maggiore wuchs sie zum »größten und schönsten Exemplar dieser Art« heran, während die Zypresse in ihrem Heimatland heute vom Aussterben bedroht ist.

2006 aber riss ein Tornado den Baum um. Die Familie Borromeo entschloss sich zu einer beispiellosen Rettungsaktion, trotz der immens hohen Kosten von 250.000 Euro und des ungewissen Ausgangs. Kräne und Winden wurden eingeflogen, ein Heer von Spezialisten und Helfern hielt Wurzeln und Nadelwerk feucht, bis der Baum schließlich aufgerichtet werden konnte.

Drei Jahre bangte man um ihn, aber mittlerweile hat er sich erholt.

Adresse Isola Madre, 28838 I-Isola Madre | Anfahrt Isola Madre von Stresa aus mehrmals täglich per Schiff zu erreichen, Infos unter www.navigazionelaghi.it | Öffnungszeiten März–Nov. täglich 10–16.30 Uhr | Tipp Das Lädchen am Ausgang des Botanischen Gartens ist unbedingt einen Besuch wert. Mit den hübschen floralen Souvenirs und den duftenden Kosmetikartikeln unterscheidet es sich deutlich von den Nullachtfünfzehn-Souvenir-Shops in der Umgebung.

50_Die Marionetten

Zimmertheater mit Höllengeräusch

Die Isola Madre, die während der letzten Eiszeit entstanden ist, war im 8. Jahrhundert schon besiedelt. Von den Ufern Stresas oder auch von Pallanza aus betrachtet, ist sie hinter der Isola Pescatori und der Isola Bella eine einsam-melancholische Erscheinung, weniger prunkvoll als die barocke Schwester und weniger einladend als die romantische Fischerinsel. Schaut man aus der Ferne auf diese imaginäre Miniaturwelt aus angelegten Gärten mit der Landvilla auf ihrem höchsten Punkt, verwundert es kaum, dass hier eine der größten Marionettentheaterbühnen Italiens nicht nur aufbewahrt ist, sondern einst aktiv im Einsatz war.

Die Aufführungen im Inselgarten, eine private Initiative des Vitaliano VI. Borromeo, begannen um das Jahr 1657. Schon da war es üblich, Stücke in Auftrag zu geben und einzig für den Ort schreiben zu lassen. Es ist daher nicht erstaunlich, dass man in den Vitrinen der vier dem Marionettentheater gewidmeten Säle im Palazzo handgeschriebene und -gebundene Kladden mit diesen ortsspezifischen Stücken sieht. Das Besondere aber scheint nicht die Handlung gewesen zu sein, sondern die Vielfalt der Special Effects.

Mitten im See, auf einer kleinen Beobachtungsinsel den Naturgewalten ausgeliefert, spielte man im Theater nach, was man als turbulentes Naturschauspiel wahrgenommen hatte: Gewitter, Feuer, Sturm und die fernen Nordlichter – mit entsprechendem Gerät multisensoriell nachgebildet. Aber wie und womit simulierte man diese Phänomene? Anhand der unendlichen Vielfalt von Instrumentarien und bewegten Bilder- und Figurenwelten lässt sich trotz ihres musealen Stillstands erahnen, welch ein Spektakel den Zuschauern hier geboten wurde. Kein Aufwand wurde gescheut, um das Publikum ganz und gar in den Sog dieses überbordenden Erfindungsreichtums zu ziehen.

Heute gehört diese historische Sammlung zu einer der größten und besterhaltenen der Welt.

Adresse Isola Madre, I-28838 Isola Madre | **Anfahrt** Isola Madre von Stresa aus mehrmals täglich per Schiff zu erreichen, Infos unter www.navigazionelaghi.it | **Öffnungszeiten** Infos siehe www.isoleborromee.it | **Tipp** Das einzige Restaurant auf der Insel, La Piratera, das in einem alten Befestigungsturm untergebracht ist, kann mit seinem kleinen, aber feinen Menü das Verweilen an diesem Ort aufs Beste verlängern.

51 Der Europa-Supermarkt

Alimentari und Delikatessen für Expats

Bei der großen Tanne mitten im Dorf befindet sich ein kleiner Supermarkt, dessen Besonderheit sich nicht auf den ersten Blick erschließt: ein *supermercato* mit Produkten aus der europäischen Welt. Das Sortiment ist aufgrund der ausgebauten internationalen Handelsbeziehungen heute längst Standard. Hier aber erzählt es von den 1960er Jahren, als es noch etwas ganz Besonderes war, außerhalb der jeweiligen Landesgrenzen deutsches Vollkornbrot, englischen Earl Grey, französischen Ziegenkäse oder Erdnussbutter aus Holland einzukaufen. Dieser Laden, längst um Bioprodukte und glutenfreie Lebensmittel ergänzt, zeigt sich heute noch mit der Originaldekoration und den Displays aus der Zeit des großen Aufbruchs – nein, nicht in den Tourismus, sondern in die gemeinsame europäische Zukunft.

Auf dem Gemeindegebiet Ispra wurde 1961 das Forschungszentrum der Europäischen Kommission, JRC Ispra, gegründet. Die zunächst sechs europäischen Nationen hatten es sich zum Ziel gesetzt, Grundlagenforschung ohne kommerzielle Beteiligung der Industrie zu betreiben, um leistungsfähige und nachhaltige Energielösungen zu finden. Im Fokus stand die damals noch in den Kinderschuhen steckende und kaum umstrittene Kernforschung, und so zogen viele ausländische Wissenschaftler und Techniker mit ihren Familien in die Region. Um das damals und über mehrere Jahrzehnte sogenannte Euratom entstanden Wohnsiedlungen, Kindergärten, Freizeitanlagen, in Varese eine europäische Schule – und damit auch viele neue Arbeitsplätze. Die Gegend, bisher nur als *sponda magra*, das magere Ufer, bezeichnet, blühte auf, und plötzlich konnte man alle europäischen Sprachen in den Dörfern hören.

Die Forschungsziele liegen mittlerweile auf anderen Gebieten, aber das JRC ist ein Denkmal für die euphorischen Jahre geblieben, als man begann, die Idee eines geeinten Europas tatkräftig zu leben.

Adresse Via Piave 102, I-21027 Ispra | Anfahrt von der SP 69 am Kreisverkehr in Ispra die Via Roma hinauf und über die Kreuzung in die Via Giuseppe Mazzini, Geschäft im Ortskern | Öffnungszeiten täglich außer So 8–12.30 und 15.30–19 Uhr | Tipp Das Forschungszentrum JRC Ispra begeht im Mai einen »Tag der offenen Tür«. Man kann sich zu geführten Besichtigungen und Vorträgen anmelden. Die beiden Versuchsreaktoren sind längst stillgelegt.

52 Die invasiven Neophyten

Palmen-Dschungel auf dem Monte del Prete

Auf dem Monte del Prete hat sich in den letzten Jahren ein ganz besonderer Palmengarten ausgebreitet, der in Zusammenschau mit den alten, zum Teil noch befestigten Steinwegen ein fremdartiges Szenario bietet. Das Gelände wurde vor einigen Jahren als Beispiel für lokalen Natur- und Landschaftsschutz von der Gemeinde mit vielen Gärtnern und Helfern von wucherndem Wildwuchs und Müll gesäubert, um einen Park für alle zu erschaffen. Keramikfunde bestätigen die Anwesenheit eisenzeitlicher Ansiedelungen der Golasecca-Kultur. Die Vorstellung eines lebendigen Wohnorts begleitet den Spaziergang mit ausschnitthaften Ausblicken auf den tiefblauen See – unter Palmen – in tropischer Stimmung.

Die chinesische Hanfpalme, *Trachycarpus fortunei*, reiste im frühen 19. Jahrhundert mit den Naturforschern als Samen aus Japan nach Europa. Ihre ursprüngliche Heimat sind die subtropischen Regionen Zentral- und Ostchinas – aufgrund ihrer Kälteresistenz hat sie es aber bald geschafft, sich auch im gesamten Mittelmeerraum anzusiedeln. Um die Grandhotels in Stresa oder auch auf den Borromäischen Inseln herum von Gärtnern angepflanzt, verbreitet sie mit ihren ausladenden Blattfächern, die das Licht in zauberhafter Weise reflektieren, nun schon über mehr als zwei Jahrhunderte exotisches Flair. Infolge der veränderten klimatischen Bedingungen dringt die resistente Fächerpalme, die um die 15 Meter hoch werden kann, nun aber massiv in die heimische Vegetation ein.

Als invasive Neophyten gelten Pflanzen, die nicht in einer geografischen Region beheimatet sind und sich zum Nachteil der einheimischen Biodiversität effizient ausbreiten. Deshalb steht die Palme in der Schweiz auf der Schwarzen Liste – dort »Tessinerpalme« genannt –, auch wenn sie im Prinzip keine Gefahr für einheimische Pflanzen darstellt. Für Insekten bietet sie keinerlei Nahrung, Vögel hingegen lieben ihre Früchte und sorgen eifrig dafür, dass ihre Tafel immer reich gedeckt ist.

Adresse Monte Prete, Via Salita San Gabriele, I-21027 Ispra | **Anfahrt** mit dem Auto nach Ispra, dann zu Fuß vom Kirchplatz (Piazza San Martino) links in die Via delle Fornaci einbiegen und die Via Rocchetta hinaufgehen | **Tipp** Die Einheimischen lieben die Pasticceria San Gabriele in der Via Piave (täglich außer Mo 8–13 und 15–19.30 Uhr).

53 Die Kalköfen

Industrie-Archäologie am See

Die Einwohner von Ispra haben jahrhundertelang von den Kalköfen gelebt. Obwohl das Detonieren der Sprengsätze im Steinbruch zum Alltag gehört hatte, wurde 1960 kaum zur Kenntnis genommen, dass die letzte Anlage geschlossen wurde. Ein internationales Forschungszentrum wurde hier nun zum wichtigsten Arbeitgeber.

An der Hafenmole beginnt der fünf Kilometer lange Rundweg »Anello delle Fornaci«, der »Ofenrundweg«. Das Brennen von Kalkgestein – Meeresablagerungen, die sich hier gebildet hatten – zu Mörtel ist seit der Antike bekannt, und bis in die ersten Jahrzehnte des 20. Jahrhunderts gab es zwischen Germignaga und Angera etwa zehn aktive Hochöfen. Die Bedingungen waren günstig: die Kalkhügel der Voralpen, Wald für Brennholz und das Seewasser zum »Löschen«, dazu der Ticino und die Kanäle, die bis zum Bau der Eisenbahnlinie als effektivster Transportweg bis nach Mailand dienten.

Viele der alten Brennöfen sind sehr gut erhalten. Heute dysfunktional geworden, faszinieren diese skulptural anmutenden, bis zu zehn Meter hohen Rundtürme durch ihre singuläre Architektur und Materialität. Besonders beeindruckend ist der »Fornace da Calce del Pinet«. Er steht auf einem kleinen Vorgebirge unter dem steilen Steinbruch direkt am See und wurde, als Einziger schön restauriert, mit einer Zugangsbrücke ausgestattet.

Das Renovierungsvorhaben 2005 sah die Instandsetzung des großen Schornsteins sowie die Sanierung der Säulen, die den Portikus stützen, und der Kaimauer vor. Zur Aufwertung und zu Informationszwecken wurde beschlossen, den Zugangsweg zum Ofenmund zu rekonstruieren; als Maßnahme eines umfassenden Restaurierungsprogramms. Die Pergola-Konstruktion schützt die Säulen nun vor weiterem Einsturz und bietet einen angenehmen schattigen Unterschlupf. Um die kleineren Öfen herum aber findet man noch gebrannte Kalkstücke und schwarze Schlacke, Erinnerungen an die jahrhundertealte Aktivität.

Adresse Fornace da Calce del Pinet, Via Valcanale, I-21027 Ispra | **Anfahrt** SS 629 nach Ispra, dann hinunter zum Lungolago und von dort aus dem Rundweg folgen, Parkmöglichkeiten am großen Ofen über die Via delle Fornaci | **Tipp** Im Sommer finden hier Konzerte statt. Nach dem Baden geht es zum Mittag- oder Abendessen ins »Vespucci« direkt am See (Lungolago 78, https://ispra.vespucciristoranti.it).

54 Das Periodensystem

Denkmal für die Ordnung der Elemente

In einer Grünanlage, fast verborgen hinter Büschen, liegt ein Gebilde wie aus Legosteinen. Treppenartig gemauert, mit bunten Keramikfliesen belegt, präsentiert es sich als aufgeschlagenes Lehrbuch. Gar seltsam sind die eingetragenen Begriffe: Bohrio, Curio, Copernicium, Fermio, Roentgenium, Rutherfordio, Einsteinio, Meitnerio.

Ein Stelldichein der Heroen der Naturwissenschaft, die hier einem ihrer Großen und seiner Erfindung die Ehre geben: Dmitri Iwanowitsch Mendelejew (1834–1907). Der blickt uns von einer Tafel nebenan in die Augen, eine Figur wie Tolstoj, dessen Zeitgenosse er war, mit Rauschebart und wilder Haarpracht. Der russische Chemiker veröffentlichte 1869, zeitgleich und im Austausch mit Lothar Meyer, das Periodensystem der Elemente unter dem Titel »Die Abhängigkeit der chemischen Eigenschaften der Elemente vom Atomgewicht«.

Jahrelang hatte man nach dem Zusammenhang zwischen den 63 damals bekannten chemischen Elementen, den Bausteinen der materiellen Welt, gesucht, bis es Mendelejew gelang, für ein Studenten-Lehrbuch eine ordnende Systematik der Elemente zu erarbeiten, entsprechend steigender Protonenzahl. Das kleinste Wasserstoffatom (ein Proton) ist das häufigste Element der Erde. Das größte und seltenste ist Osmium mit der Ordnungszahl 76. Mendelejew hat die abstrakten Wege der Weltordnung sichtbarer gemacht, in visionärer Weise, weil man damit Existenz und Eigenschaften noch unbekannter Elemente korrekt vorhersagen konnte, die Jahre später erst entdeckt wurden. Er bestätigte damit das, was Einstein 1926 gemeint hatte, wenn er vom »Geheimnis des Alten« sprach und hinzufügte: »Jedenfalls bin ich überzeugt, dass der nicht würfelt.«

Das System von Mendelejew war das erste seiner Art, das Element 101 wurde nach ihm Mendelevium genannt. Mendelejew hat übrigens auch einen wichtigen Beitrag zur Verbesserung der russischen Wodkaherstellung geleistet.

Adresse kurz vorm Kreisverkehr auf der Via Roma, I-21027 Ispra | Anfahrt von der SP 69 am Kreisverkehr in Ispra ein paar Meter die Via Roma hinauf Richtung Ortskern gehen | Tipp Der hohe Industrieschornstein auf der gegenüberliegenden Straßenseite ist das einzige Überbleibsel der alten Hemdenfabrik Leva, in der seit dem 19. Jahrhundert viele Frauen der Region arbeiteten.

55_Das Feuerwerk im See

Ferragosto: Höhepunkt des Sommers in Italien

Ferragosto ist kein Fest, das nur an einem Tag begangen wird, es ist fast eine fünfte Jahreszeit, ein freudiges kollektives Ereignis. Geschäfte und Firmen schließen, das ganze wirtschaftliche und administrative Leben kommt zum Erliegen. Viele nehmen in dieser Zeit ihren Jahresurlaub.

Das Fest geht auf Kaiser Augustus zurück, der im August des Jahres 29 vor Christus mehrere Tage lang seinen Sieg über Marcus Antonius und Kleopatra feierte. Der Name Ferragosto leitet sich von *feriae Augusti*, Ferien des Augustus, ab. Das Fest wurde später mit dem katholischen Feiertag Mariä Himmelfahrt zusammengelegt. Der volkstümliche Brauch, an Ferragosto zu verreisen, entstand in der Ära des Faschismus. Das Regime verbilligte die Zugreisen, vor allem für die dritte Klasse, um es auch den ärmeren Menschen zu ermöglichen, in die Berge oder ans Meer zu fahren.

Vor allem aber feiern die Menschen gemeinsam. In den Ortschaften am Lago Maggiore werden Festzelte errichtet, man isst, trinkt und tanzt. Jeder Ort hat den Ehrgeiz, ein eigenes Feuerwerk zu veranstalten. Die größten und berühmtesten *fuochi d'artificio* sind die von Laveno, die Tausende von Besuchern anziehen.

Am schönsten ist es, in Arona ein Schiff zu besteigen und langsam durch die immer dunkler werdende Nacht über den See zu fahren. Vor dem hell beleuchteten Felsenkloster Santa Caterina hält das Schiff sogar an, damit alle Fahrgäste diesen suggestiven Anblick erleben können. In der Bucht von Laveno, in der schon unzählige Boote warten – jedes ein Lichtpünktchen – werden auf dem Schiff die Lichter gelöscht. Um 23.30 Uhr beginnt es zu knallen und zu krachen, strahlende Blumengärten wachsen in den Nachthimmel, sprühende Sternenregen sinken in den See. Blumen und Sterne spiegeln sich im Wasser und verwandeln die Bucht in ein zauberhaftes farbiges Lichtermeer. Am Ende bedanken sich die Schiffe mit vielstimmigem Tuten.

Adresse Lungolago, I-21014 Laveno-Mombello | Anfahrt Infos zu den Schiffsverbindungen unter www.navigazionelaghi.it | Tipp Bevor man an Bord geht, kann man in Arona direkt an der Seepromenade, gegenüber der Rocca d'Angera, essen – vielleicht in der Taverna del Pittore (Piazza del Popolo).

56__Das Forte Castello

Als die Österreicher noch mal davonkamen

Bewegungslos wie ein Uhu beobachtet das niedrige Castello auf dem Hügel vor Laveno die Ankommenden. Leicht erhoben über der Stadt gelegen, hat es in lichtem Gehölz einen Rundumblick: in drei Himmelsrichtungen über den See und auf die Häuseransammlung zu seinen Füßen.

Kein Wunder also, dass hier über dem Golf von Laveno im Mittelalter eine Festung entstand, deren Zinnenmauer noch gut erhalten ist. Zur Zeit der Unabhängigkeitskriege Italiens Mitte des 19. Jahrhunderts nutzten die Habsburger den Stützpunkt für ihre letzten Versuche, im Grenzstädtchen Laveno ihren Anspruch auf die Lombardei zu verteidigen. In die mittelalterlichen Mauern hinein baute das österreichische Heer eine zweite Befestigungsanlage: eine charmante vierstrahlige Burg mit abgerundeten Ecken und niedlichen Schießscharten in Mauern von nicht mehr als 2,5 Meter Höhe. Ein Ort, der geradezu nach einer historischen Neuinszenierung jener frühmorgendlichen Schlacht schreit, die hier am 30. Mai 1859 zwischen Garibaldis Alpini-Truppen und Österreichs Grenzsoldaten tobte. Doch Garibaldi, der soeben siegreich vom Comer See zurückgekommen war, musste eine Schlappe hinnehmen. Die Habsburger in der Burg auf dem Hügel stemmten sich der nationalen Einigung Italiens erfolgreich entgegen – erst zwei Monate später schlugen Piemonteser Truppen die Österreicher in die Flucht.

So blieb es nicht Garibaldi, sondern einem seiner Getreuen, dem Sanskrit-Lehrer Francesco Pullé, vorbehalten, den kleinen Hügel vor Laveno zum Gedenkort zu machen. Großherzig ließ er 1889 für alle Gefallenen der Schlacht je einen Baum um die Burg pflanzen und versammelte ihre Gebeine in einem neu errichteten Turm inmitten der Burg. Weit überragt dieser Friedensturm heute seine Verteidigungsanlage und lädt die Besucher des Parks zum fröhlichen, wenn auch verbotenen Picknick auf den Aufschüttungen rund um die Burgmauern ein.

Adresse Via alla Torre, I-21014 Laveno-Mombello | **Anfahrt** von der SP 69 links in die Via alla Torre bis ganz nach oben | **Tipp** In der Kirche Sant'Ambrogio über Laveno findet sich das einzige Bild, das Maria als Beschützerin der Fußballspieler darstellt. Gemalt wurde es 1950 von Carlo Coquio. Die italienische Nationalmannschaft besuchte es während der Vorbereitungen zu einem Match gegen das ehemalige Jugoslawien.

57_Die Officine dell'Acqua

Passion für historische Holzboote

»L'inglesina«, die kleine Engländerin, so heißt das hübsche schlanke Mahagoniboot aus dem harten Holz der englischen Kolonien, das die frischgebackene Stiftung Le Officine dell'Acqua gleich fünf Mal besitzt. Ursprünglich wurden damit feine Leute über die Themse gerudert. Bald aber werden die so aufwendig wie funktional restaurierten Boote nun am historischen Hafen in Laveno schaukeln und, ähnlich wie die Gondeln in Venedig, mit Touristen zu kleinen Ausflügen aufbrechen.

Aus der Vergangenheit lernen, um sie in die Zukunft zu projizieren, so könnte das Motto der seit 2015 bestehenden Vereinigung von engagierten, höchst professionell agierenden Bootsliebhabern heißen. Die große ehemalige Reparaturhalle der Eisenbahn wurde renoviert, um nun ein Zentrum des Wissens über die Schiffe am Lago Maggiore zu beherbergen: Museum, offene Werkstatt, Konferenzraum. Gemeinsam mit der Uni Genua wurde ein dreijähriger Lehrgang für Holz-Bootsbau und mit »La Cambusa« ein kleines Restaurant für neue experimentelle Küche mit alten Lago-Rezepten eingerichtet. Es geht hier um die Geschichte der so wichtigen Schifffahrt am Lago Maggiore – letztendlich die Verbindung zwischen den Alpen und dem Mittelmeer –, aufgearbeitet anhand ihrer Holzboote.

Ein Kanu, das aus Amerika kam, hat um 1900 so gut gefallen, dass es am Lago gleich 300 Mal mit einheimischen Hölzern nachgebaut wurde. Ein 6,5 Meter langes Boot *sistema internazionale*, als Standard-Regattaboot für die Olympiade von 1920 konzipiert, wurde in vielen Ländern gebaut, um passgenau in Zugwaggons transportiert werden zu können. Aber auch die Geschichten einzelner Boote werden erzählt, wie jene der »I diritti dell'uomo«, eines kleinen Segelboots, mit dem der Sozialist Antonio Greppi in Angera aufbrach, um zwei Partisaninnen heimlich in die sichere Schweiz zu bringen. Nach dem Krieg wurde er Bürgermeister von Mailand.

Adresse Viale Giuseppe Garibaldi 12, I-21014 Laveno-Mombello | **Anfahrt** von Ispra beziehungsweise von Luino kommend auf der Seestraße SP 69 zum Bahnhof beziehungsweise Fährhafen in Laveno | **Öffnungszeiten** Infos unter www.officinedellacqua.eu | **Tipp** *Gelati, gelati!* Gegenüber bereitet die beliebte Gelateria l'Imbarcadero 2 (Filiale in der Viale Porro Edoardo) sehr gutes Eis zu (täglich 11–23 Uhr).

58 Der Sasso del Ferro

Auffahrt mit dem Kübellift – Fliegen in die Lüfte

Über Laveno ragt steil der Sasso del Ferro auf, ein westlicher Ausläufer der Luganer Kalkalpen. Er ist nicht aus Eisen, wie sein Name suggeriert, sondern entstand aus den Sedimenten des Thetysmeeres, das sich beim Auseinanderdriften der Kontinente zwischen Afrika und Europa gebildet hatte. Von Laveno aus kann er auf einem alten Saumpfad in zwei Stunden bestiegen werden, aber lohnender und spektakulärer ist es, mit dem jüngst erneuerten historischen Kübellift von 1963 auf die noch unter dem Gipfel liegende Felsnase Poggio Sant'Elsa hinaufzugleiten. Immer wieder hat man darüber nachgedacht, die bunten Eisenkörbchen, in denen nur jeweils zwei Menschen Platz haben, abzuschaffen, sie dienen aber auch den Drachen- und Gleitschirmfliegern mit ihrem Equipment zur Auffahrt.

Das Panorama auf 1.000 Meter Höhe ist *straordinario*, und wenn der Wind nicht zu stark ist, begegnet man zu jeder Jahreszeit den leisen Fliegern, die an der Startrampe stehen, die Fluggeräte prüfen und sich schließlich abstoßen, hinaus in den Himmel über dem See. Hier öffnet er sich – vor dem Naturhafen von Laveno zum Golf von Verbania hin – zu seiner größten Breite, und der Blick schweift hinüber zu den Borromäischen Inseln, zum Monte Rosa und dem Kranz der schneebedeckten Viertausender.

Laveno war immer schon der wichtigste Ort am See. Zwei Bahnhöfe verbinden ihn mit Mailand und Bellinzona, die einzige Autofähre am See fährt nach Verbania und verkürzt den Weg zum Simplon. Schon zur Römerzeit war Laveno ein strategischer Knotenpunkt, in der ersten Hälfte des 19. Jahrhunderts Stützpunkt und Militärhafen der Österreicher, die Reste der Forts Castello und Cerro erinnern noch daran. Im Kampf um die Einigung Italiens gelang es Garibaldi im Frühjahr 1859 mit seinen Truppen noch nicht, die Österreicher aus Laveno zu vertreiben. Erst im März 1861 wurde der erste moderne italienische Nationalstaat gegründet.

Adresse Funivia, Via Don C. Tinelli 15, I-21014 Laveno-Mombello, www.funiviedellagomaggiore.it | Anfahrt SP 69 am See entlang bis Laveno, im Zentrum in die Via Don C. Tinelli einbiegen und weiter bis zum kostenlosen Parkplatz der Funivia, von dort in 1,5 Stunden zu Fuß zum Ziel | Öffnungszeiten in der Hochsaison täglich 11–21 Uhr (letzte Abfahrt 22.30 Uhr) | Tipp Unbedingt oben auf der Terrasse des Panoramarestaurants zu erschwinglichen Preisen Mittag essen! Und dann vielleicht einen Tandemflug wagen? Buchbar bei Parapendio Club Laveno.

59 Die Unterwasserkrippe

Heilige Nacht in der Orangerie

Wer am See lebt, dem wird das Wasser zur vertrauten Metapher für Gefühle: Entzücken und Trauer, Euphorie und Melancholie, Schönheit und Schrecken. Da verwundert es nicht, wenn die Idee aufkommt, die von allen hier so geliebte Weihnachtsgeschichte dem Wasser anzuvertrauen, als Ort des Schutzes für die Familie auf der Flucht.

Nachdem Taucher 1975 im Hafen von Laveno eine kleine Christusfigur in 23 Meter Tiefe aufgestellt hatten, gründete sich die Gruppe der »Amici del Presepe Sommerso«, der »Freunde der Unterwasserkrippe«, mit dem Traum, eine ganze Weihnachtskrippe im See zu versenken, in Ufernähe und für alle sichtbar! Schon vier Jahre später wurden drei der insgesamt 42 lebensgroßen Figuren in den See verfrachtet. Geschaffen hatte sie der Bildhauer Gianfranco Tancredi aus dem fossilen weißen Kalkstein von Vicenza, der ebenfalls aus dem Wasser stammt, weil er sich über Jahrmillionen hinweg in einem Urmeer gebildet hat.

Von Ende November bis zum 6. Januar versinken die Figuren jedes Jahr auf einer Plattform in drei Meter Tiefe, angestrahlt von starken Lampen. Die Reflexe der Wellen lassen sie gleichzeitig nah und fern, bewegt und still erscheinen, Fische schwimmen durch sie hindurch. In einer feierlichen Prozession wird am Heiligen Abend das Christkind gebracht, begleitet von Tauchern mit Fackeln, die es sachte in seiner Krippe, einer großen Muschel, ablegen. Ein Weihnachtsbaum mit einem »Auguri«-Band steigt in der Nähe langsam aus dem Wasser und versinkt wieder, die Fähren gleiten vorüber. Besonders schön ist das Spektakel, wenn es dunkelt und überall rund um die weite Bucht die Lichter angehen.

Wer nicht genug davon bekommen kann: Die Figurengruppe ist den Rest des Jahres über für alle zugänglich, in ihrem eigenen Bethlehem, einem gläsernen Gewächshaus oben beim Municipio. Nur das Christkind fehlt – sein Aufenthaltsort ist ein Geheimnis.

Adresse Via Roma 16, I-21014 Laveno-Mombello | Anfahrt SP 69 am See entlang bis Laveno, am besten über die Via Gramsci oder die Via Don Tinelli zu Fuß hinauf in den Park | Tipp Die schöne Jugendstilfassade der Villa Bassani am Lungolago mit ihren dekorativen farbigen Strukturelementen ist ein Werk des berühmten Mailänder Architekten Giuseppe Sommaruga.

60 Santa Caterina del Sasso

Von Legenden und Wundern

Eine schwarze Wand beginnt sich drohend über dem See aufzutürmen, dann bricht der Sturm los, wühlt die Wogen auf und bringt den See zum Schäumen. Alberto Besozzi, ein reicher Kaufmann, war auf dem Rückweg vom Markt, als das wütende Wasser über sein Boot hereinbrach und es zum Kentern brachte. Den Tod vor Augen, rief der Ertrinkende die heilige Katharina von Alessandria um Hilfe an, und er schwor, fortan ein Leben in Armut und Askese zu führen, sollte er gerettet werden. Alsbald schleuderte ihn eine Woge auf einen Felsen am Ufer. Er hielt sein Versprechen, lebte von Stund an in einer unzugänglichen Nische in der hohen Felswand und ernährte sich vom Brot, das Fischer in seinen Korb legten. Bald pilgerten die Menschen zu dem Eremiten, um Rat und Hilfe gegen Pest oder Wölfe bittend. Auf ein Zeichen Gottes hin wurde ein Kirchlein errichtet, mit den Maßen des Grabes der heiligen Katharina auf dem Sinai.

Um einen vermutlich wahren Kern ranken sich hier verschiedene Legenden mit ungesicherter Quellenlage. Fest steht: Mönche erbauten um 1230 den kleinen Konvent, und um die wachsenden Pilgerscharen zu fassen, wurde die Kirche in den folgenden Jahrhunderten mehrfach erweitert und mit Fresken geschmückt, von denen heute viele Feuchtigkeitsschäden aufweisen. Die extreme Lage gefährdete das Kloster in bedrohlicher Weise, und 1640 stürzten fünf große Felsbrocken auf die Kirche, die, o Wunder, in der Kuppel der Seitenkapelle hängen blieben, bis man sie 1983 entfernte. Von 1970 bis 1986 wurde das Kloster restauriert, die Grundmauern und der umgebende Fels mit tief im Berg verankerten Stahlzügen gesichert.

Seit 1970 im Besitz der Provinz Varese, leben in der Einsiedelei heute noch ein paar wenige Mönche und Nonnen der Franziskanerbruderschaft von Betanien. Wie ein Schatz wird die Schildkröte Caterina behandelt und den Kindern als Beispiel ewigen Lebens präsentiert.

Adresse Via Santa Caterina 13, I-21038 Leggiuno, www.eremosantacaterina.it | **Anfahrt** über die SP 69 zwischen Ispra und Laveno, auf den Abzweig bei Reno achten, Zugang vom Parkplatz Cascine del Quicchio über 268 Stufen oder mit dem Aufzug | **Öffnungszeiten** Di–So 9.30–19.30 Uhr | **Tipp** Das romanische Kirchlein San Defendente in Cerro (Via Ceresolo) wurde schon 846 erwähnt. Kardinal Carlo Borromeo ließ im 16. Jahrhundert dort eine vermeintliche Hexe verbrennen. Der futuristische Dichter Paolo Buzzi (1874–1956) erwähnte den Campanile in einem Gedicht, das an der Mauer seines Hauses (Via San Defendente 14) angeschrieben ist.

61 Die Villa Stampa

Manzonis Zufluchtsort im Exil

Endlich lag Sesto Calende hinter ihnen und damit auch die Bootsfahrt über den Ticino und die Passkontrollen. Manzoni war mit seiner Ehefrau Teresa auf dem Weg nach Lesa, in der Kutsche, die ihnen Stiefsohn Stefano an diesem 29. Juli 1848 geschickt hatte. Im sardischen Piemont suchten sie Sicherheit vor den auf Mailand anrückenden Österreichern.

Noch einmal gingen die Gedanken des Dichters dorthin zurück. Fünf Tage lang hatte es wirklich so ausgesehen, als könnte man die Habsburger verjagen. »Ewiger Ruhm den Mailändern, des römischen Italiens würdig«, hatte seine Frau ausgerufen, und selbst er, der 63-Jährige, ließ sich vom Balkon aus zu einem »Viva l'Italia!« hinreißen: Endlich unabhängig, bald eine Nation! Aber eigentlich wollte er nur die »Viva Manzoni«-Rufe des Volkes, das seinen Nationaldichter feierte, abwehren. Genauso wie er jetzt noch sein Deputat im Turin der neuen konstitutionellen Monarchie Carlo Albertos, das ihm Aronas Gemeinderat antrug, ablehnen musste. Gerade in diesem Moment passierten sie Arona mit seiner riesigen Carlo-Borromeo-Statue. Gott bewahre, die Absage war schon vorformuliert: »Der Mann, aus dem Sie einen Abgeordneten machen wollen, stottert – nicht nur im übertragenen Sinne!«

Nein, lieber an Lesa denken. An das freundliche Exil. An den Weinberg hinter dem Haus. Schon seit Jahren hatte ihm dieser schöne Palazzo als Rückzugsort gedient. Nur Rosmini würde fehlen, der Gesprächspartner in allen politischen, philosophischen und theologischen Fragen. Warum musste Piemonts König ihn gerade jetzt zu Papst Pius IX. schicken, um mit Rom einen gangbaren Weg für ein künftiges Italien auszuhandeln? Und warum, so fragt man sich, wurde Alessandro Manzonis Museum im Palazzo Stampa eigentlich in den Dienstbotenflügel verbannt, mit einer Tabakdose als einzigem Original? Hat das große Manzoni-Museum in Milano nicht noch einige kleine Exponate für Lesa übrig?

Adresse Via alla Fontana 18, I-28040 Lesa | **Anfahrt** auf der Uferstraße von Stresa kommend, linker Hand in einer leichten Linkskurve Richtung Norden | **Öffnungszeiten** Sala Manzoniana im Hinterhaus nach Anmeldung zugänglich, Kontakt unter Tel. +39/0322/76421 | **Tipp** Wer nach weiteren Überbleibseln von Alessandro Manzonis Leben forschen will, findet in der Dorfkirche vorne rechts noch seinen Betstuhl mit Namensschild. Mehr Anregungen bietet sicherlich die Villa Ducale in Stresa, in der der Philosoph und Ordensgründer Antonio Rosmini wirkte.

62__Die Piazza Grande

Tony Craggs rotierende Wirbelsäule

Der Künstler Tony Cragg (geboren 1949) hat variationsreich mit den unterschiedlichsten Materialien gearbeitet – mit Holz, Stein, Stahl, Glas und gefundenen, oft ausrangierten Objekten. Eingebunden in den künstlerischen Prozess, als Assemblagen und vielfach auch in Bronze gegossen, verlieren sie ihre Gewöhnlichkeit und erhalten skulpturale Würde. Der in Deutschland lebende Brite war viele Jahre Professor an der Düsseldorfer Akademie und prägte die jüngere Generation. In Locarno aber fühlt man sich fast an Hans Arps Formensprache erinnert, dessen Werke im Museo Casorella unweit der Piazza Grande zu sehen sind. Hans Arps Leidenschaft galt dem Tessin – er lebte in Solduno und liegt gemeinsam mit seinen beiden Frauen Sophie Taeuber-Arp und Marguerite Arp-Hagenbach auf dem Friedhof in Locarno.

Auf der lebendigen, anlässlich des Filmfestivals in Locarno zu internationaler Grandezza aufsteigenden Piazza Grande wirbelt Craggs Bronzeskulptur »Wirbelsäule« von 1996 um ihre eigene Achse, Ringe kreisen wie Hula-Hoop-Reifen um ein unsichtbares Zentrum. Die wie lose übereinandergeschlungenen Ringe, Fahrzeugreifen ähnlich – Cragg arbeitete nach der Schule bei einem britischen Gummifabrikanten –, scheinen, in stetigem Größenwechsel und labilem Gleichgewicht zentral übereinander arrangiert, zu rotieren und drohen fast unter ihrer eigenen Dynamik den Halt zu verlieren.

Die Skulpturen aus Bronze oder Stein in Bewegung zu versetzen, diesem Ziel galt Craggs Ambition der letzten Dekaden. Vor dem Berliner Bundestag steht die sechs Meter hohe »Werdende«: Hier scheint die flüssige Bronze wie von einem überdimensionierten Quirl gerührt und zu wilder Wesenhaftigkeit erstarrt. In Craggs Aquarellen findet sich vielleicht ein Schlüssel zur Reliefstruktur der Skulptur. »Chromosomen« heißt diese Serie – im Rückgrat steckt das Rückenmark, verschlüsseltes Erbgut.

Adresse Piazza Grande, CH-6600 Locarno | Anfahrt auf der Seestraße SS 13 von Süden oder Norden kommend zum Lungolago, links in die Via Antonio Ciseri, Parkmöglichkeiten in etlichen ausgeschilderten Parkhäusern | Tipp Die aus rostigen Eisenteilen komponierte Skulptur »Ascensionale« von Paolo Bellini (geboren 1941), einem Tessiner Bildhauer aus dem Mendrisiotto, in der kleinen Grünanlage gegenüber dem Hafen ist statisch und bewegt zugleich, verharrend und bereit zum Aufbruch.

63 Die Seilbahn nach Cardada

Zweimal umsteigen auf der Suche nach Afrika

Nicht am Mittelmeer treffen Europa und Afrika aufeinander, sondern genau hier. Als der Urkontinent Pangaea zerbrach, schob sich die afrikanische Platte über die eurasische und begann vor 130 Millionen Jahren die Alpenkette aufzufalten. Sie bewegt sich noch immer: Unter ihrem Druck wachsen die Alpen jährlich ein bis zwei Millimeter.

Alfred Wegener beschrieb die Kontinentalverschiebung 1912, stieß jedoch auf Unverständnis, bis in den 1970er Jahren die Plattentektonik auch geowissenschaftlich nachgewiesen werden konnte. »Insubrische Linie« heißt die Linie, längs derer sich die beiden Kontinente bewegen. Sie verläuft in weitem Bogen über 700 Kilometer parallel zur Küste des Adriatischen Meeres. Bei Turin taucht sie auf, zieht sich nördlich der oberitalienischen Seen in das Veltlin hinein und endet am Ostalpenrand in Slowenien. Benannt ist sie nach dem keltischen Volk der Insubrer. Zwischen 500 und 390 vor Christus ließen sie sich im Gebiet nördlich des Po nieder, nach Titus Livius sollen sie Mailand gegründet haben.

Die Begegnung der Kontinente Europa und Afrika wird auf einer luftigen Aussichtsplattform auf dem Gipfel der Cimetta dokumentiert: als rote Gerade, die quer über die kreisrunde Terrasse verläuft, und mit Gesteinsproben zur Erdgeschichte der Region. Das schwindelerregende Gefühl aber, sich hier oben zwischen zwei Kontinenten zu befinden, stellt sich nicht unbedingt ein. Von Cimetta schweift der Blick weit über den See und bis zu den Bergen, die ihn einbetten: Der tiefste Punkt der Schweiz (196 Meter) und der höchste, die Dufourspitze (4643 Meter), sind von hier aus zu erspähen. In Vogogna im Ossolatal jedoch bekommt man angesichts der einfach zu erwandernden Orte, an denen die tektonischen Bruchkanten oberhalb des Castello sichtbar sind, ein ganz anderes Gefühl für dieses Phänomen. Vielleicht, weil man hier ganz allein unterwegs ist.

Adresse Impianti turistici Cardada, Via Santuario 5, CH-6644 Orselina | **Anfahrt** mit der Standseilbahn ab dem Zentrum von Locarno nach Madonna del Sasso, an der Talstation Orselina die Luftseilbahn nach Cardada (1.340 Meter) nehmen, ab dort mit dem Sessellift auf die Cimetta (1.671 Meter) | **Tipp** In Cardada führt ein Steg über die Baumwipfel des Berghangs, es gibt Angebote für Nordic Walking und Mountainbike-Trails, einen Startplatz für Gleitschirmflieger, einen Fussreflexzonen-Pfad und Wanderwege in unterschiedlichen Schwierigkeitsgraden (www.cardada.ch).

64 Der Speicher des Museums

Wie Lady Chamberlain einmal die Welt rettete

Politiker wetten auf unsere Zukunft. Das ist ihr Job und aller Ehren wert. Die Konferenz von Locarno 1925 war so ein *pari*: eine Wette auf den Frieden auf Erden und darauf, dass das Deutsche Reich vielleicht doch noch dem Völkerbund beitreten möge. Lassen wir der Historikerzunft ihr besserwissendes Lächeln. Immerhin ließ der nächste Weltkrieg dann noch 14 lange Jahre auf sich warten – ein Aufschub.

Kein Grund also für das Tessiner Städtchen, sein größtes politisches Event verschämt unterm Dach des Museo Castello zu verstecken, wo man die Dauerausstellung zur Friedenskonferenz räumlich direkt nach der späten Bronzezeit und dem Hochmittelalter findet. Wenn man sie findet! Doch was soll's, historische Bezüge gibt es immer, und Vorkriegspolitik hat sowieso ihre eigene Zeit – sie misst sich in der Anzahl der noch gewechselten Worte. Im Justizpalast von Locarno redeten und redeten sie: Chamberlain mit den Deutschen, Briand mit den Tschechen, Stresemann mit den Belgiern, die Polen mit den Italienern, dann wieder Reichskanzler Luther mit den Polen und eigentlich ständig alle mit allen.

Die Ehefrauen gingen unterdes spazieren, das war damals noch so. Im Grandhotel wieselte ein junger Kommunist um die dort Residierenden herum und hielt für sie Dynamit in einer Torte bereit. Davon aber weiß nur der Schweizer Autor Franz Hohler zu erzählen, und den Dichtern ist nicht zu trauen. Wahr aber ist: Ganz Locarno war in Aufruhr; die Beratungen gehorchten der Diktatur des Sitzfleischs und schufen die Zeit für Entscheidungen an einem anderen Ort. In den Pausen. Zum Beispiel beim Tête-à-Tête zwischen Luther und Briand im Elvezia am alten Hafen unter den Balkons von Ascona. Oder bei der Geburtstagsparty von Lady Chamberlain auf dem Schiff »Fior d'Arancio«, wo die kommunistische Torte ins Wasser fiel, Lady Chamberlain ein Machtwort sprach und Stresemann dem Völkerbund endlich sein Jawort gab.

Adresse Museo Castello, Via Bartolomeo Rusca 5, CH-Locarno, www.castellolocarno.ch | **Anfahrt** Museum mitten in Locarno, Parkmöglichkeiten im Parkhaus Centro Castello, von dort 15 Minuten zu Fuß | **Öffnungszeiten** Di–Fr 10–12 und 14–16.30 Uhr, Sa, So, Feiertage 10–16.30 Uhr | **Tipp** Hörstationen zur Friedenskonferenz, von der Wallfahrtskirche Madonna del Sasso in Locarno bis zum Ristorante Elvezia, führen Sie kreuz und quer durch Locarno und Ascona.

65_Das Literaturarchiv

Wo Vittorio Sereni der Stadt am See huldigte

In seinem frühen Gedichtband »Frontiera« macht Vittorio Sereni dem See entspannte Komplimente: *»Ti distendi e respiri nei colori«.* Dieser aber antwortet nicht, sondern weist ihn dahin zurück, wo er hingehört: ans Ufer von Luino zu den dörflichen Klängen und dem Gewisper der Menschen. Und so empfängt das lyrische Ich seine Erleuchtung auf dem nächtlichen Heimweg nicht von der Seeseite her, sondern ganz im Sinne der Baudelaire'schen Moderne durch ein Schaufenster, wenn es – vielleicht nach einem letzten Grappa mit Chiara – aus dem Caffè Clerici nach Hause zieht: »Wenn du zum Schlafe neigst / und Laute von Holzschuhen und Gesang erzeugst / […] / entzündest du im Dunkel eines Platzes / ein Licht der Ruhe: eine Vitrine.«

Seinem See aber blieb der Lyriker Vittorio Sereni, 1913 in Luino geboren, untertan; ihm verdankt der Lago Maggiore seinen glanzvollen Platz in der italienischen Dichtkunst. Dieser macht ihm abweisend Geschenke eigener Art: »[…] der See / zieht sich ein wenig zurück von uns, / legt einen Strand frei, / versehrter Dinge, zerbrochener Ruder, zerrissener Netze.«

Die Stadt Luino hingegen ist großherziger: Sie schenkte dem Dichter des Lago Maggiore zum Dank für ihr Eingehen in die Nationalliteratur eines ihrer schönsten Gebäude. Direkt am Seeufer liegt der Palazzo Verbania von 1904, in dem Luino 100 Jahre nach der Geburt seines Dichter-Duos Sereni / Chiara ihre Nachlässe sammelt – nebst Studierstube für Romanisten aus aller Welt und einem Nachbau der Mailänder Schreibstube Serenis. Ein passender Ort: Die Dichter wuchsen mit dem raffiniert schlichten Jugendstil-Kursaal auf, in dem Luino zur Jahrhundertwende aufgrund des Bahnanschlusses seine neue Größe feierte. Ein Zentrum für Kultur und Philologie, das den Besuch schon wegen der Kaskade von drei übereinanderliegenden Terrassen zum See hin wert ist. Im Gedicht »Terrazza« wurden sie von Sereni ebenfalls in Verse gegossen.

Adresse Palazzo Verbania, Viale Dante Alighieri 5, I-21016 Luino | **Anfahrt** Archiv direkt an der Seestraße, der SS 394 | **Öffnungszeiten** zu den Bürozeiten des Archivs und bei Veranstaltungen, Infos unter Tel. +39/0332/530019 oder www.visitluino.eu | **Tipp** Das nächste Gebäude in Richtung Süden, in 80 Metern Distanz zum eleganten Jugendstilbau, ist ebenfalls ansehnlich, stammt jedoch schon deutlich aus faschistischen Zeiten. Mit dem großen AVAV-Relief weist es sich als das Clubhaus des 1938 gegründeten und damit zweitältesten Segelvereins Italiens aus.

66 Piero Chiaras Bar

Der Chronist der Leute am See

Die Erzählungen des Piero Chiara aus Luino sind den Provinzen der »kleinen Leute« verschrieben: ihren Evokationen.

Ruhelos ruft der Dichter den Lago Maggiore bei seinem Namen – dem der Winde, Dörfer, Schiffe. »Zwischen Stresa und Baveno«, so schreibt er in »Il povero Turati«, »lief ich von einer Brüstung zur anderen, um auf der einen Seite die Inseln mit den Fürstenpalästen und den Fischerhäusern zu sehen und auf der gegenüberliegenden Seite den Grund eines Seearms mit Montorfano. Dann kam Pallanza, und danach überquerte das Boot den See noch fünf oder sechs Mal zwischen Intra, Laveno, Ghiffa, Oggebbio, Porto Valtravaglia und Cannero«, von wo aus es in Richtung Luino ablegt. Der Provinz seines 20. Jahrhunderts schenkt dieser Kanzleibeamte aus Varese sein Herz. In Luino lässt er es schlagen.

Durch die Glastür des Caffè Clerici, in dem Chiara auch heute noch gegenwärtig ist, schaute er vom Billardtisch hinüber auf sein einstmals attraktives Geburtshaus mit der zweiläufigen Treppe, das durch Pergolastreben gründlich verschandelt wurde. In diesem Haus verbrachte er seine ersten 14 Lebensjahre, gegenüber im Café wohl große Teile seiner restlichen Freizeit. Zu Recht: Auf der großen Terrasse zum alten Hafen hin lässt es sich aushalten.

Zum überregional gefeierten Dichter des Lago wurde Chiara eigentlich erst in seiner zweiten Lebenshälfte, nach der Rückkehr aus dem Schweizer Exil, in das er noch 1944 flüchten musste. 1943 hatte er das Duce-Porträt in den Käfig der Angeklagten im Gericht von Varese gestellt und es damit »dem Spott, der Verhöhnung und dem Volkszorn ausgesetzt«, so der Urteilstext, der ihm 15 Monate Haft prognostizierte.

Mit »Il povero Turati« wird sich Chiara dafür später im Eulenspiegel-Stil rächen: mit einer riesigen Wassermelone, die sich über dem Provinzfaschisten Turati ergießt und ihn zum Gespött der Leute macht.

Adresse Piazza Libertà 9, I-21016 Luino | Anfahrt Caffè Clerici direkt an der Seestraße, der SS 394 | Öffnungszeiten Mo – Fr 6 – 2 Uhr, Sa, So 7 – 2 Uhr | Tipp Die drei Meter hohe Statue für Giuseppe Garibaldi, die man dem Freiheitskämpfer noch zu Lebzeiten, nach seinem Sieg über Österreich, an der Seestraße widmete, war die erste in Italien. Chiara beschreibt sie in der ironischen Erzählung »Der weinende Teller« von 1962.

67_Das Forte Olimpio

Ein Bollwerk im Vogelparadies

Zwischen 1888 und 1912 wurde der Ticino begradigt und in steile Blockufer gezwängt, um landwirtschaftliche Flächen zu schaffen. Sein Delta aber ist ihm geblieben, eines der letzten natürlichen Überschwemmungsgebiete der Schweiz, mit einem Auwald zwischen Flussarmen, einem Schwimmblattgürtel und Röhricht entlang stehender Wasserflächen. Viele seltene und bedrohte Vogelarten leben hier, und im Frühling ist das Gebiet ein Rastplatz für Zugvögel von internationaler Bedeutung. Überall quakt und schnarrt, zwitschert, sirrt und schwirrt, ruft und pfeift es. Auf einem ausgeschilderten Rundweg trifft man auf hölzerne Unterstände, von denen aus sich die Vögel beobachten lassen. Es gibt Führungen, auch mit Booten. Im schönen Tessin-Band unseres 111-Orte-Kollegen Uwe Ramlow finden Sie dieses Naturreservat ausführlicher gewürdigt.

Hinzuweisen ist aber noch auf ein in die Landschaft gedrucktes Gebäude, das sich hier mit seinem grasbewachsenen Dach versteckt: das Museum Forte Olimpio. Gebaut wurde es vor dem Ersten Weltkrieg als Infanteriefestung »Blockhaus Unten« und gehört heute zu den Militärmuseen der auf ihre Selbstverteidigungsfähigkeit ultrastolzen Schweiz. Gezeigt werden die einstige Einrichtung und ein Waffenarsenal. Die Festung war Teil einer Verteidigungsanlage, die die Eidgenossen damals vor Angriffen aus Italien beschützen sollte – planten doch die Irredentisten im Ersten Weltkrieg, das Tessin Italien einzugliedern.

Die Anlage erstreckte sich von Gordola am Eingang zum Verzascatal bis zum Monte Ceneri und über den Monte Tamaro bis zum San-Jorio-Pass. Besonders imposant waren die Panzersperren quer durch die Magadinoebene. Dazu kam ein dichtes Netz von Militärstraßen und Maultierpfaden, mit flankierenden Bauten wie Geschützgängen, Kasematten und Artilleriestellungen. Als der Zweite Weltkrieg drohte, wurden die Anlagen auf den militärtechnisch neuesten Stand gebracht.

Adresse Vicolo Forte Olimpo 8, CH-6573 Magadino, www.museoforteolimpio.ch, www.forti.ch | **Anfahrt** Abzweig von der Via Cantonale in Magadino in die Via del Forte, gegenüber der Bar »Liberty« | **Öffnungszeiten** Forte Olimpio April–Okt. zugänglich | **Tipp** Der Schweizer Stararchitekt Mario Botta hat auf dem Monte Tamaro eine – ebenfalls festungsartige, gleichwohl elegante – Kirche erschaffen: die Kirche Santa Maria degli Angeli. Sehr sehenswert in ihrer Appropriation des Festungsbau-Stils.

68_Das Riff der Taucher

Das Verschwinden der Locusta

Als im Miozän, vor etwa 5,5 Millionen Jahren, das Mittelmeer fast austrocknete, mussten sich die Flüsse tief eingraben, um sich in die verbliebenen Meeresbecken ergießen zu können. Der Grund des Lago Maggiore ist darum ein tief eingeschnittener Canyon, der durch die Gletscherbewegungen noch weiter ausgehöhlt, aber auch mit Sedimenten und Schlick aufgefüllt wurde.

Vom Ufer aus über die leuchtend blaue Wasserfläche blickend, fragt man sich, welche Geheimnisse wohl die Tiefe birgt. Bei Caldè sieht man sommers wie winters Taucher ins Wasser gleiten – in ihren schwarzen Neoprenanzügen, denn unten ist es bitterkalt. Die zerklüfteten weißen Kalksteinwände fallen bis zu 300 Meter ab, und es gibt einige Tauchschulen, die »Spaziergänge« im Wasser anbieten. Eines dieser Ausflugsziele ist das künstliche Riff bei Magadino, ein anderes sind die Wracks, die bei San Nazzaro in Schlickhalden liegen: ein kleineres Boot in etwa 15 Metern, eine Cessna und ein US-Helikopter in 30 Meter Tiefe – klare Sicht ist bei guten Bedingungen bis zu 20 Metern garantiert. 2010 wurde in Paris ein Bugatti von 1925, der 73 Jahre lang im Wasser gelegen hatte, für 260.500 Euro versteigert.

Nie gefunden wurde jedoch das Wrack der »Locusta«, eines Torpedoboots, das mit einer Kanone bestückt war und im Dienst der italienischen Finanzpolizei stand. In der bitterarmen Grenzregion zwischen Italien und der Schweiz blühte der Schmuggel zu Wasser und auf den Bergpfaden. Die »Locusta« war in Canobbio mit zwölf Besatzungsmitgliedern an Bord zu einer Kontrollfahrt gestartet, um Jagd auf Schmuggler zu machen. In dieser stürmischen Januarnacht von 1896 verschwand das 20 Meter lange Boot.

Aufwendige Tauchexpeditionen auch des berühmten Tiefseeforschers Jacques Cousteau oder der italienischen Militärmarine unter Leitung eines Admirals, um eins der zwei erhaltenen Torpedoboote jener Zeit zu finden, blieben erfolglos.

Adresse an der Seestraße bei CH-6573 Magadino, Ortsteil von Gambarogno | **Anfahrt** von Magadino kommend an der Via Cantonale bei Caldè | **Tipp** Der wunderbare Strand Punta Granelli an der SP 69 zwischen Laveno und Castelveccana ist bei Tauchern aus ganz Europa sehr beliebt. Entlang einer senkrecht abfallenden Kalksteinwand wurde 1975 in 22 Meter Tiefe eine Christusstatue versenkt, zur Erinnerung an die Cousins Granelli, die 1930 hier beim Tauchen ertrunken sind.

69_Am Fuß des Val Grande

Eine Begegnung mit dem Herrn der Wege

Marone, *il borgo abbandonato*, ist ein verlassenes Ruinendorf am Nordausläufer des Val Grande. Aber was heißt schon verlassen? Eine Katze, eine Kuh, sieben schwarze Ziegen, das sind leicht gewonnene Gefährten auf den überwachsenen Wegen, die sich als Begleiter anbieten. Und auf dem Grab der Antonietta Bariletta von 2006 stehen frische Blumen, obwohl hier seit 70 Jahren keiner mehr lebt.

Noch also kämpfen Menschen um den minimalen Erhalt dieses Ortes, der einmal zu ihnen gehörte wie das zurückgelassene Werkzeug, das sich in den Ruinen findet. Die Terrassen, auf denen einst Roggen wuchs, sind jedoch unbebaut, und die Maronen schimmern unbeachtet in ihren hellgrünen Schalen. »Ein Kastanienbaum«, sagt Tim Shaw und fasst eine der schwarzen Ziegen bei den Hörnern, »brachte eine Familie einst durch den Winter: als Grundnahrungsmittel, Feuerholz, Tierfutter, das Laub als Einstreu fürs Vieh und hart knisternde Kissen.« Man könnte von hier aus losziehen mit Shaw. Auf eine Viertagestour mit dem Deutschen vom Bodensee, der seit 15 Jahren am Rand des Val Grande lebt. Hinüber über den Monte Togano, seine höchste Erhebung.

Wohl keiner kennt sich besser aus in diesem 100 Quadratkilometer großen Kessel am See als der Mann mit der Schirmmütze – in der größten Wildnis des Alpenraums, die er unablässig als ihr Pfadfinder und Wanderleiter durchstreift. Auskunftsfreudig erzählt er von seinen Funden in der verwilderten Kulturlandschaft. Einmal hat er sich fünf Monate lang in seiner Mitte einschneien lassen. So fand er das dichte, im Frühjahr von Brennnesseln befreite Wegenetz der Bergbauern wieder, auf dem diese die in den 1950er Jahren verlassene Welt über 700 Jahre lang durchzogen hatten.

Seitdem ist er in der Region bekannt und Chef »seiner« Hütte, der Alpe Mottac, einer jener 19 einstigen Sennhütten im Nationalpark, die seit 2003 als unbewirtschaftete Berghütten wiederbelebt werden.

Adresse Marone, I-28859 Trontano, www.piemont-trekking.de | **Anfahrt** Halt der Centovallibahn von Domodossola kommend auf Zuruf am Bahnhof Marone, dann 2 Minuten durch den Buchenwald den Berg hinunter | **Tipp** Von Marone geht es weiter mit der Centovallibahn, auf Viadukten über die Schluchten und Wildbäche der 100 Seitentäler. Beim Passieren der Schweizer Grenze steigt der Fahrpreis von sechs Euro auf satte 25 Franken.

70 Die Uferpromenade

Gedenken an die ermordeten Juden

An der kleinen, gepflegten Uferpromenade finden sich ganz nah beieinander drei Gedenkorte, die an das Massaker von Meina erinnern: eine Tafel der Stadt, 16 Stolpersteine aus Bronze mit den Namen der identifizierten Opfer (2016) und der »Kopf für Meina« des israelischen Bildhauers Ofer Lellouche (2022). Dieser stille, ausdrucksvolle Bronzekopf sieht in blickloser Abstraktheit aufs Wasser hinaus, während er wie ein Material gewordener dunkler Schatten die Promenade dominiert und zum Gedenkort macht.

Im Juli 1943 setzte der italienische König Vittorio Emanuele III., der sich jahrelang mit dem Faschismus arrangiert hatte, Mussolini als Regierungschef ab, trat aus dem Bündnis mit Deutschland aus und schloss einen Waffenstillstand mit den Alliierten. Die sofortige Reaktion der Deutschen war verheerend. Die Nazis setzten eine neue faschistische Marionettenregierung ein und verlegten weitere Truppen nach Italien, darunter eine Eliteeinheit der Waffen-SS, die im Gebiet des Sees operierte und systematisch begann, Juden zu ermorden. Auch hier in Meina hat das Böse seine Spuren hinterlassen. Eine Reihe von jüdischen Familien hielt sich zu dieser Zeit in der Umgebung auf – einige waren schon seit Langem hier ansässig. Vor den Judenverfolgungen in anderen europäischen Ländern war beispielsweise auch eine Familie aus Griechenland hierhergeflüchtet, die hoffte, über die Grenze in die Schweiz entkommen zu können.

Für September und Oktober 1943 sind über 50 Verhaftungen belegt, sicherlich waren es in Wahrheit noch viel mehr. 16 Juden verschiedener Nationalität, darunter auch der Besitzer des heute abgerissenen Hotels, in dem die Flüchtlinge untergekommen waren, wurden festgenommen und getötet. Mit Steinen beschwert, wurden die Toten auf den See gerudert und über Bord geworfen. Die Bevölkerung erfuhr von diesem Massaker, nachdem etliche Tote wieder angetrieben worden waren.

Adresse Lungolago, I-28046 Meina | Anfahrt an der Seestraße / SS 33 | Tipp Ein neuer Spazierweg am Ufer wurde 2022 eingeweiht. Er verbindet Meina mit Lesa und lässt sich auch als Gedenkweg verstehen. Im Museum »Casa della Resistenza« in Fondotoce erinnert ebenfalls eine Tafel an das Massaker.

71 Die längste Steinkette

In Giuseppe Lusettis Atelier

Auf Stöcke gestützt wie die fast 500-jährige Ulme 100 Meter von ihm entfernt am See, steht der weißhaarige Künstler vor seiner schmalen Ladenwerkstatt: Giuseppe Lusetti. Das Geschäft rechts daneben, ein Krämerladen wie aus dem Bilderbuch, gehört seiner herzlichen Tochter – die ideale Anlaufstelle für ein *panino.* Aber heute geht es um den Vater, der sein Kunstwerk sogar auf der Biennale von Venedig ausstellen durfte. Ein Schild neben der Eingangstür kündigt es an: »Die längste Steinkette der Welt«. Und da ist sie auch schon, die Kette, unübersehbar in Schlangenlinien neben abstrakten Gemälden an der Wand befestigt, stolze 29,3 Meter lang, aus jenem grünen Granit vom Montorfano geschlagen, dem Monolithen, der über Mergozzo aufragt. Alle 239 massigen Kettenglieder wurden von Lusetti aus einem einzigen Block und jedes im 90-Grad-Winkel zum nächsten gefertigt, sodass die bewegliche Kette unteilbar ist und jede Gestalt annehmen kann. Ein einziger Fehlschlag hätte die gesamte Arbeit zunichtegemacht.

Hier im Steinbruch am Montorfano erlernte Giuseppe Lusetti mit elf Jahren den Beruf des Steinmetzes. Nachdem 1953 die Mole Antonelliana, das 167,5 Meter hohe Wahrzeichen von Turin, vom Blitz getroffen worden war, durfte der erst 22-Jährige den zerstörten letzten Ring mit seinen Arkaden und Säulen 1959 neu meißeln. Sein Meisterstück, die Kette, schuf er erst 38 Jahre später, 1997, in etwa zehn Monaten. Der Einzug ins Guinnessbuch der Rekorde war dabei nur ein Nebeneffekt. Als Kind habe er, so berichtet der alte Herr – und seine Tochter nickt resolut –, den Tag der Befreiung Italiens vom Faschismus als einen der letzten Akte internationaler Solidarität erlebt.

Die Ringe seiner Kette halten sich dicht an dicht, wie Menschen, die sich an den Händen fassen – in einem Material, das alle Zeiten überdauern wird. Dies ist die Botschaft des Steinmetzes von Mergozzo.

Adresse Via Sempione 5, I-28802 Mergozzo | Anfahrt SS 34 von Fondotoce, Abzweig zum Lago di Mergozzo, dann in die Via Filippo Turati, immer am kleinen See entlang bis Mergozzo | Tipp Es gibt einen Wanderweg um den Lago di Mergozzo, der auf dem antiken Weg der Steinbrecher verläuft. Rechts fällt das Gelände zum Lago di Mergozzo ab, links bietet eine Mauer Halt.

72 Die Ulme auf der Piazza

Eine bühnenreife Geschichte

Vor nicht einmal 900 Jahren war er noch ein Seitenarm des Lago Maggiore. Bis der wilde Toce einen Teil seines eigenen Mündungsgebiets mit Sedimenten zuschüttete. So wurde der kleine Lago di Mergozzo vom großen Lago Maggiore getrennt und eines der wärmsten und saubersten Gewässer Oberitaliens. Seine Ufer sind weitgehend unverbaut, selbst die Campingplätze geben sich vornehm. An seinem äußersten Westzipfelchen aber steht ein allerliebstes Städtchen: Mergozzo, bühnenreif leicht erhöht über den Wellen mit Fassaden in Ocker und Hellblau, Weiß, Gelb und Rot. Ein nie enden wollendes Goldoni-Spektakel. Also, Vorhang auf! Trippelte da nicht schon die goldige Corallina alias Mirandolina als Wirtin über die Piazza?

Doch lassen wir dieses Theater und blenden zurück auf seine Ursprünge. Den VW-SUV, der sich aus der Jetztzeit ins Panorama verirrt hat, nehmen wir aus dem Bild. Weg mit den überdimensionierten Pagodenschirmen der Straßencafés! Das antikisierende Straßenpflaster, die unvermeidliche Fußgängerzone, weg damit! So, nun sieht der Ort doch schon ursprünglicher aus. Die Bühne ist freigeräumt; die Einsamkeit des runden Granit-Monolithen Montorfano wird in seiner wilden Pracht sichtbar.

Und vor dem entleerten Bild, aus dem sich mit den letzten Touristen auch die Wirtin Mirandolina vom Acker macht, steht sie plötzlich ganz klein und harmlos da: die heute mehr als 400-jährige *Ulmus minor*, die gemeine Feldulme, in einem einfachen Dörfchen; ganz so, wie es ein Altarbild in der Pfarrkirche bezeugt. Nur wenige Häuser, ein Turm und diese kleine, kugelige Ulme, unter der – so erzählen die Ortschronisten – später die Entscheidungen fürs zivile Miteinander getroffen wurden: Wen sollte man am nächsten Baum aufknüpfen, wann tritt die Nachtruhe ein, so was in der Art. Aber auch diese Ereignisse zeigt unser Ulmen-Traumbild am Altar noch nicht.

Adresse Piazza Cavour, I-28802 Mergozzo | **Anfahrt** SS 34 von Fondotoce, Abzweig zum Lago di Mergozzo, dann in die Via Filippo Turati, immer am kleinen See entlang bis Mergozzo | **Tipp** Eine Sehenswürdigkeit ist die sehr gut erhaltene romanische Kirche San Giovanni Battista im Ortsteil Montorfano. Sie liegt auf einem Felssporn und ist über eine Straße erreichbar.

73 Der Esel am Straßenrand

Wer ihn erblickt, den trifft es ins Herz

»Minusio? L'asinello!« Ein Kinderruf, ein Eselsschrei. Ein Glücksbringer, dieser kleine Esel auf seinem hohen Brunnensockel: vorbeistreifendes Traumbild müder Kinderaugen im Pkw gen Süden, blinder Fleck im Wimmelbild Schweizer Ortlosigkeit. Die aber, die es erkennen, trifft es ins Herz. Das Eselchen von Minusio nimmt Kindergemüter in Gewahrsam, macht sich zum Vergissmeinnicht. Haben Sie es gesehen?

Wilhelm Schwerzmann (1877–1966), seinem Schweizer Schöpfer, widmete das Museum Elisarion in Minusio 2014 eine Retrospektive: Ein Freigeist und überzeugter Pazifist war er, stilistisch vielseitig streifte er Neobarock, Jugendstil, Expressionismus, Neue Sachlichkeit. Wenn man vom Schweizer »Heimatstil« spricht, denkt mancher an ihn. Sein Erkennungszeichen sind Tierplastiken: Steinböcke, Bären, Widder – gern mit symbolischer Bedeutung, aber nicht ohne Witz.

Fährt man auf der Hauptstraße San Gottardo zwischen Tenero und Muralto durchs Niemandsland, begegnet dem Kind, das Augen hat zu sehen, in Minusio dieses entzückende Eselchen aus Bronze, schwer beladen mit Kornsäcken. Es steht am Rand des Gehwegs. Eigentlich ist es nur eine Kopie, aber das tut dem nostalgischen Gefühlsüberschwang keinen Abbruch. Im Gegenteil: Das Sandstein-Original von 1936 befindet sich heute im Rathaus-Hof, weil es von den Abgasen des Verkehrsstroms bedroht war.

Verstand Schwerzmann es als eine Anspielung auf die »Minusiesi« – die Esel, wie manch hochmütiger Tessiner die Einwohner seiner Dörfer zärtlich taufte? Und wenn schon – die Leute aus Minusio hätten es hingenommen, galt der Esel doch als kraftvoll und klug, zäh, eigensinnig und stolz. So ehrt das Kunstwerk am Straßenrand die Esel, ihre unschätzbaren Dienste und ihr hartes Schicksal, wenn sie entlang der Felswände und Steilabbrüche das schwere Korn zu den Mühlen schleppten oder Waren auf den Maultierpfaden durch die Tessiner Täler trugen.

Adresse Via San Gottardo, CH-6648 Minusio | Anfahrt auf der SS 13 nach Minusio, kurz nach der Ortsausfahrt von Locarno | Tipp Am Seeufer in Minusio im Ortsteil Rivapiana steht die Figur eines Anglers, der einen großen Fisch hochhält. Auch diese Skulptur ist ein Werk von Wilhelm Schwerzmann.

74 Die Linea Cadorna

Militärarchäologie erwandern

Seen sehen. Gipfel zählen. Der Natur Namen verleihen. Seit mehr als 200 Jahren erobern die Menschen die Alpen – nicht immer nur der Erbauung wegen. Der Gipfel des Monte Morissolo ist dafür das schlagende Beispiel. Mit explosiver Gewalt schuf sich Italiens Armee hier ihren geschützten Überblick, indem sie die einzige Bergspitze, von der aus sich der See vollständig überwachen lässt, einfach aushöhlte. Die markante Gipfelnase auf 1.300 Metern Höhe ähnelt seitdem mit ihren bis zu fünf Meter hohen Tunneln und Höhlen einem Schweizer Käse und ist mit Schießscharten in alle Himmelsrichtungen die ideale Szenerie für Kriegsspiele jeglicher Art.

Der Monte Morissolo ist der panoptische Höhepunkt einer 1.800 Kilometer langen Verteidigungslinie, mit der der italienische Generalstabschef und spätere Kriegsverbrecher Luigi Cadorna Italien im Ersten Weltkrieg von Norden her uneinnehmbar machen wollte. Die nie genutzte *linea di difesa alla Frontiera Nord* verläuft über die Bergketten des Aostatals und das Val d'Ossola zum Lago Maggiore, über die Vareser Voralpen bis ins Veltlin. Wer sich von Europas modernen Festungen ein Bild machen will, kann einige hier erwandern: mit 72 Kilometern Schützengräben, 88 Artilleriestellungen, 398 Kilometern Saumpfaden, 25.000 Quadratkilometern Barackenlagern. Bis 1989 wurden sie auch von der NATO genutzt. Im Schnitt wurden während der drei Jahre Bauzeit 15.000 bis 20.000 Arbeiter beschäftigt, der Stundenlohn betrug für Frauen und Jugendliche 10 bis 20 Cent, 30 bis 40 Cent für männliche Hilfskräfte, 40 bis 50 Cent für Maurer, Zimmerleute, Tischler, Schmiede, Bergleute; Fachfrauen waren anscheinend nicht eingeplant.

Erreichbar ist die Anlage über einen befestigten Ringweg, den man sich als Transportweg für die Armee vorstellen muss und der quasi ohne Steigung meistens mit umwerfenden Ausblicken über drei Viertel des Sees bis zum Fuß des Gipfels führt.

Adresse Cima di Morissolo, I-28821 Cannero Riviera | Anfahrt von Verbania Richtung Premeno nach Pian del Sole und Centro Auxologico, der Via Cadorna folgen, oberhalb des Krankenhauses 7 Kilometer zu Fuß bis zum Anstieg auf die Bergspitze, Militärposten mit Tunnelsystem nach 100 Metern auf dem breiteren Weg rechts | Tipp Von der Zipline-Station in Pan d'Arla können Sie an einer 1.850 Meter langen Seilrutsche mit 120 Stundenkilometern Richtung See »fliegen«: auf dem Bauch in zwei Schlaufen hängend, 350 Meter über dem Boden.

75 Der Gipfel der Königin

… und eine Pizza für die ganze Nation

Angesichts der Pracht des Monte-Rosa-Massivs glaubt man sich in den Himalaja versetzt. Der 4.634 Meter hohe Berg dominiert das ganze westliche Oberitalien, seine Ostwand ist die mächtigste und steilste der Alpenkette. Sein höchster Gipfel ist die Dufourspitze, die zum ersten Mal 1855 von einer Seilschaft bestiegen wurde, der auch Charles Hudson angehörte – zehn Jahre später stürzte er bei der Erstbesteigung des Matterhorns ab.

Seinen Namen hat der Monte Rosa nicht von der Farbe, in der er im Licht der Morgensonne erstrahlt, sondern von einem alten walisischen Dialektwort für Gletscher: *rouese*. Seit dem Mittelalter erscheint der Name »Monboso« in verschiedenen Variationen, und auch Leonardo da Vinci widmete ihm viel Raum im Kapitel »Del Colore dell'Aria« (»Von der Farbe der Luft«) im Codex Leicester. Bis zu einer gewissen Höhe hat der Künstler den Monte Rosa selbst bestiegen, denn sein Bericht scheint auf authentischem Erleben zu beruhen; er war der Erste, der die Alpen forschend, beschreibend und zeichnend erkundete. Dem späteren Papst Pius XI. gelang 1889 durch die Ostwand aufsteigend die erste Überschreitung.

Prominenteste Besteigerin ist jedoch Königin Margherita von Italien. Ihr zu Ehren nannte man das erste Unterkunftshaus auf dem Monte Rosa, das 4.554 Meter hoch auf der Signalkuppe (Punta Gnifetti) errichtet wurde, »Capanna Regina Margherita« – sie ist heute noch die höchstgelegene Hütte der Alpen. Zur Einweihung 1893 erklomm die leidenschaftliche Alpinistin als eine der wenigen Frauen ihrer Zeit den Monte Rosa und übernachtete im kleinen Berghaus. Es war nicht nur ihre Liebe zu den Bergen, die sie das Wagnis eingehen ließ. Die konservative Monarchin tat es auch, um das Ansehen des Königshauses zu stärken. Das Volk liebte sie, selbst die politischen Gegner. Und so wurde 1889 sogar eine Pizza in den Farben der neugeborenen Nation nach ihr benannt: die Pizza Margherita.

Adresse Punta Gnifetti, auf 4.554 Metern, I-13021 Alagna Valsesia | Anfahrt von Alagna mit zwei Bergbahnen zur Punta Indren, Aufstieg über den Indren-Gletscher und eine steile, mit Seilen gesicherte Felsstufe zum kleinen Garstele-Gletscher und zur Punta Gnifetti | Tipp Ein Ausflug in das alte Walserdorf Macugnaga direkt unter der gewaltigen Ostwand lohnt sich.

76 Die hölzernen Dorfbewohner

Porträts für ein lebendiges Heimatmuseum

Die lichten Kastanienwälder, durch die die Straße führt, pflegt keiner mehr. Wie viele Bergdörfer in dieser Region ist auch Musignano heute fast entvölkert, etwa 20 Einwohner gibt es hier noch – so die offizielle Zählung. In Wirklichkeit aber ist das Dörfchen voller Leben. Der Scherenschleifer werkelt in den Gassen, eine bejahrte Spinnerin kämpft mit einem struppigen Haufen Wolle, Schreiner und Holzarbeiter schleifen und sägen, am Bach wird Wäsche gewaschen, ein Schäfer steht inmitten seiner Tiere, im Wirtshaus haut man die Spielkarten auf den Tisch, und ein langnasiger Hund wacht über das Dorf. Schweigend sind die Menschen in ihr Tun vertieft, ansprechen kann man sie jedoch nicht. Auch Ramon begegnet man, dem Spanier, der vor dem Bürgerkrieg hierher geflohen ist, und so manch anderer Persönlichkeit der Dorffamilie: Vera, Ugo, Teresa und Nanetti. Sie stehen staksig auf ihren groben Beinen wie auf Stelzen, dieses raue Geistervolk, rissig und silbrig ausgebleicht, aber mit wachsamen Augen.

Der Künstler Fabio Maccario, der als wenig gesprächige Holzfigur selbst vor seinem Haus sitzt, hat in Maccagno eine Autowerkstatt betrieben. In seinem Haus in Musignano bewahrt er eine Sammlung seltener alter Dinge auf, und in den umgebenden Kastanienwäldern findet er das ideale Material, um seinen Figuren ihren je eigenen Ausdruck zu verleihen. Es ist das sehr harte, fast versteinerte Holz abgestorbener Bäume, das er sammelt und lange betrachtet, um intuitiv die Gestalt seiner Figuren zu erspüren. Die Aststücke und Baumstrünke fügt er lediglich mit Holzdübeln zusammen. Er sucht nicht den Realismus putziger Gartenzwerge, sondern seine Arbeiten haben eine expressionistische Kraft, die nie das Holz und seine Herkunft aus dem Bergwald verleugnet. Ausgestellt ist hier sowohl die Geschichte der Bäume als auch die Erinnerung an das, was das Dorf einmal war.

Adresse I-21061 Musignano | Anfahrt über die SS 394 nach Maccagno, dort rechts in die SP 5 bis Musignano | Tipp Der nahe gelegene Lago Delio wird an beiden Seiten von Staudämmen eingefasst. Seine Wasser stürzen tagsüber steil bergab und treiben die Turbinen des Wasserkraftwerks Roncovalgrande an. Nachts, wenn wenig Strom benötigt wird, werden sie wieder nach oben gepumpt.

77_Der Porto di Spasolo

Erzählungen vom kleinen Grenzverkehr

»Wie Renzo vorausgesehen hatte, trafen die Schmuggler wieder regelmäßig ein. Sie brachten von allem« – aber insbesondere »Reis, Reis und nochmals Reis«. Es ist das Kriegsjahr 1944. Selbst die Tessiner im Onsernonetal, von denen die Schweizer Autorin Aline Valangin hier fabuliert, darben. Gut, dass es die Schmugglerbanden aus dem von den Nazis besetzten Italien gibt. Die Grenzwächter schauen beiseite – nach dem Motto »Leben und leben lassen«. Auch manch italienischer Partisan findet so Zuflucht. Die meisten Juden schickt man im Roman hingegen zu ihren Häschern zurück. Aline Valangins »Dorf an der Grenze« ist heute ein Klassiker der Schmuggler-Literatur des 20. Jahrhunderts.

Doch auch die regen Zeiten des *contrabbando* zwischen 1868 und 1894 bleiben im literarischen Schmuggler-Gedächtnis wach. Der Dichter Piero Chiara aus Luino weiß viel von der »Tabaklinie« zu erzählen. Sie zog sich von Zenna, wo man heute unter der Abzweigung nach Tronzano noch die Grenzstation mit ihrem kleinen Leuchtturm findet, bis hinüber zum Comer See. Alle schmuggelten sie: vom siebenjährigen Kind bis zum 83-jährigen Greis, allein, in Gruppen, in Karawanen, Bauern, Fuhrleute, Fischer, Grenzwächter, mit Hunden, in Käselaiben, Schuhabsätzen oder den speziellen Ruderbooten namens Lancia.

Damals führte der Schleichhandel aus dem Tiefpreisland Schweiz ins neue italienische Königreich, das mit Schutzzöllen den Schmugglern gewinnbringende Zeiten bescherte. Die Grenze wurde ihnen zur Ressource. Oggebbios Tourist-Info wirbt heute mit solchen Informationen für den ehemaligen Fischerhafen Porto di Spasolo, aber eigentlich fuhr man damals aus allen Häfen gen Norden, um den begehrten Tessiner Tabak, Kaffee und Alkohol zu holen. Nicht zu vergessen der Menschenhandel mit den Tessiner Bauernsöhnen, die als Kaminfeger in Mailand arbeiteten und derer Lisa Tetzner in ihrem Roman »Die schwarzen Brüder« bewegend gedenkt.

Adresse I-28824 Oggebbio | **Anfahrt** auf der SS 34, der Seestraße, von Cannero nach Ghiffa | **Tipp** Direkt am Ufer des Luganer Sees ist in einem Grenzwachtposten das Schweizer Zollmuseum untergebracht. Prachtstück ist ein selbst gebautes Schmuggler-U-Boot. Wechselausstellungen widmeten sich schon der Geschichte von Geflüchteten, dem Kulturgüter- oder dem Tierschmuggel.

78 Die Bialetti-Dynastie

Die Moka – italienischer geht es nicht

Die Venezianer waren die ersten Europäer, die ihren Kaffee exklusiv in einem Kaffeehaus trinken konnten. 1647 wurde es auf dem Markusplatz eröffnet. Zahlreiche weitere folgten rasch in anderen italienischen Städten.

Nicht ganz einfach aber ist es, die Moka zu verorten. Sie fehlt in keiner Küche, keiner Bar und keinem *ristorante*: die Moka Express der Firma Bialetti. Mit ihrem ikonischen Design, dem achteckigen Sockel, dem Einlegetrichter für das Kaffeepulver und dem Oberteil mit dem aufklappbaren Deckel ist sie weltweit bekannt und längst Bestandteil der Design-Sammlung des MoMA in New York.

Alfonso Bialetti verkaufte sein 1933 erfundenes und nach der Arbeit in der Aluminiumfabrik in kleiner Auflage angefertigtes Kännchen auf regionalen Märkten. Er hatte als Erster eine Kanne entwickelt, die den Kaffee mit Dampf von unten in ein Oberteil mit Ausguss drückt. So wird das volle Aroma aus den kostbaren Bohnen bewahrt. Mit der Übernahme des Unternehmens in Omegna gelang dem Sohn Renato nach dem Zweiten Weltkrieg der Durchbruch. Das berühmte Männchen mit Schnauzbart – Renato himself –, entworfen vom italienischen Comiczeichner Paul Campani, ist bis heute Inbegriff des *Made in Italy*. Die metallverarbeitende Industrie hatte sich in Omegna schon seit Mitte des 19. Jahrhunderts ausgebreitet. Marken wie Lagostina, Alessi und Bialetti – unterstützt von der Eisenbahnverbindung Orta–Domodossola und der Frachtschifffahrt auf dem See – sorgten für rege Industrieverbindungen weit über die Region hinaus.

Fährt man durch Omegna, findet man immer noch Überbleibsel des Bialetti-Imperiums, seien es die Schlote der großen Aluminiumwerke, das leer stehende Bürogebäude mit dem lustigen Logo oder aber das Familiengrab auf dem Cimitero di Crusinallo. Dort wurde die Asche von Renato Bialetti 2016 in einer Urne in Form einer Espressokanne beigesetzt.

Adresse Friedhof, Piazza della Pace 4, I-28887 Omegna | Anfahrt auf der SP 229 durch die Agglomerationen zwischen Lago Maggiore und Ortasee, von dort auf die Via Sant'Anna, dieser folgen und sich zum Cimitero di Crusinallo durchfragen | Tipp Die Produktionsstätte von Alessi und ihr Factory Store befinden sich in der Via Privata Alessi 6. Auch Lagostina hat sein Outlet hier, in der Via IV Novembre 37.

79 Das Waschhaus

Auf dem Weg zur Emanzipation der Frauen

Ein rundum offenes Häuschen am Straßenrand. Bögen, die von Stützpfeilern getragen werden, darauf ein Dach. Drunter ein Steinbecken, mit Wasser gefüllt und mit Schilf bepflanzt. Eine stille Idylle. Osmate besitzt eines der hübschesten Waschhäuser *(lavatoi)* des Varesotto.

Bis Ende des 19. Jahrhunderts mussten die Frauen die Wäsche auf Steinen kniend an den Flüssen und Seen waschen, die Armen auch die Wäsche der Reichen. So bildet der fröhlich verharmlosende Kinderreigen »La bella lavanderina« (»Die schöne Wäscherin«) die Wirklichkeit dieser Frauen nicht unbedingt lebensgetreu ab. Waschen war harte Arbeit, und die Wäscherinnen litten oft früh unter anhaltenden Rückenschäden. In den Waschhäusern konnten die Frauen nun stehend arbeiten, an schräg geneigten Steinplatten mit fließendem Wasser. Die hölzerne Dachkonstruktion schützte sie vor Regen und Sonne. Zugleich wurde das Waschhaus zum sozialen Treffpunkt. Das Geräusch des Schlagens, Reibens und Bürstens vermischte sich mit lauten Diskussionen, Gelächter und Gesang. Hinzu kam der Streit um die besten Plätze. Denn auch hier bestimmte die soziale Hierarchie das Miteinander.

Wie hart sich die Frauen ihre Waschhäuser erkämpften, erzählt eine Tafel am *lavatoio* von Cheglio, einem Ortsteil von Taino. Geplagt von Wasserknappheit im Bach, beantragten sie 1909 bei der Gemeinde eine öffentliche Waschstelle. Es dauerte bis 1936, bis endlich die Wasserleitung gelegt und das Waschhaus eröffnet wurde. Zehn Jahre später wurde auf der Mailänder Messe die erste elektrische Waschmaschine vorgestellt, gegen Ende der 1950er Jahre fand sie Eingang in die Privathaushalte. Die Knochenarbeit hatte ein Ende, und die Frauen zogen sich in die eigenen vier Wände zurück.

Sollte der Waschmaschine jemals ein Denkmal für die Frauen-Emanzipation gesetzt werden, so möge man darüber die so viel kommunikativeren Waschhäuser bitte nicht ganz vergessen.

Adresse Via Roma 2, I-21018 Osmate | **Anfahrt** von Ispra kommend auf der SS 629, in Travedona auf die SP 36, den kleinen Monatesee umfahren, in Cadrezzate auf die SP 33 und nach Osmate | **Tipp** Es gibt einen hübschen Fußweg von 15 Kilometer Länge, den »Sentiero dei Lavatoi«, der drei Waschhäuser miteinander verbindet: das von Comabbio, das von Osmate und das von Capronno.

80 Das Cadorna-Mausoleum

Eine fragwürdige Heldenverehrung

In Pallanza scheint die Sonne länger. Alles glänzt an der verkehrsberuhigten Promenade entlang des Borromäischen Golfs. Wäre da nicht – halb verborgen – dieser finstere Turm, Mussolinis Denkmal für den General aus dem Ersten Weltkrieg, das Mausoleum für Luigi Cardona in seinem Geburtsort. Schwarzgrau erhebt es sich vor der immergrünen Isola Madre, bewacht von zwölf massigen Kriegern, in seiner Mitte über dem roten Sarkophag ein feines grünes Kruzifix.

Pallanzas Mausoleum für Italiens Generalstabschef von 1914 bis 1917 entspricht dem Zynismus, der allen Denkmälern für die Gefallenen des Ersten Weltkriegs innewohnt. In seinem klobigen Monumentalismus ist es der Inbegriff faschistischer Denkart, eine Verneigung vor Cadornas Erbarmungslosigkeit und zugleich ein Mahnmal gegen diese Form der Heldenverehrung. Denn was sich hier als Gedenken geriert, huldigt dem Schlächter. Als Militärstratege eine grandiose Fehlbesetzung, standen auf Luigi Cadornas Erfolgsskala vor allem 250.000 Kriegstote und 750 hingerichtete Soldaten. Im November 1917 abberufen, wurden ihm 1919 sein Rang und alle Bezüge aberkannt. Ihm zu Ehren kreierte Italiens Philosoph Antonio Gramsci den Begriff des *cadornismo* als Sammelbezeichnung für eine »besonders menschenverachtende Militärführung«. Fünf Jahre später rehabilitierte Mussolini seinen Gefolgsmann und beförderte ihn zum Marschall.

Das Schandmal seines faschistischen Stararchitekten Marcello Piacentini ist auch heute noch Gegenstand politischer Auseinandersetzung. 2021 reinigte es das Festkomitee von Pallanza eigenhändig von »blasphemischen« Graffitis und Hakenkreuzen. Und den Vorschlag einer Umbenennung der Cadorna-Realschule bezeichnete der Fraktionsvorsitzende der Lega als den heimtückischen Versuch, die Geschichte ihres lokalen Helden und damit die ganze Geschichte Italiens vergessen zu machen. Weiterhin sind in ganz Italien Straßen nach ihm benannt.

Adresse Piazza Giuseppe Garibaldi, I-28922 Pallanza | Anfahrt auf der SS 34 von Intra kommend in Pallanza den Viale Giuseppe Azari zum Parkplatz Piazza Antonio Gramsci hinunterfahren, dann zu Fuß weiter | Tipp In Pallanza wird dem Vorurteil von Italien als autoverliebtem Land eine Absage erteilt. Vorbildlich sind die breiten, viel genutzten Jogger- und Spaziergängerstreifen.

81 Das Museo del Paesaggio

Begegnung mit Werken des Bildhauers Troubetzkoy

Das Erdgeschoss des weitläufigen Museo del Paesaggio beherbergt die Gipsabgüsse und einige Bronzen der Werke des Fürsten Paolo Troubetzkoy. Geboren in Intra 1866, wuchs er hier als Sohn eines russischen Diplomaten und einer amerikanischen Sängerin auf. Der dogmatische Vegetarier und Tierfreund – Themen, zu welchen er auch bildhauerisch arbeitete – besuchte nie eine Akademie und war künstlerisch unabhängig, sein Werk ist keiner bestimmten Stilrichtung zuzuordnen. Oft bekam er Besuch, zum Beispiel vom Dichter George Bernard Shaw. Ein Filmporträt in Schwarz-Weiß, bei dem auch die Hunde des Künstlers immer wieder ins Bild drängen, zeigt die beiden gestikulierend vor dem See.

Auch dem Landschaftsmaler Giovanni Segantini, der 1898 extra aus dem Engadin anreiste, kann man hier begegnen: als Halbfigur, in funkelnder Lebendigkeit, das Haar zerzaust und das konzentrierte Gesicht mit erstauntem Ausdruck zur Seite gewandt. In mehrtägigen Sitzungen war es Troubetzkoy partout nicht gelungen, ein zufriedenstellendes Bildnis anzufertigen. Resigniert setzte Segantini an, Abschied zu nehmen, da rief Troubetzkoy: »Bleib stehen, wo du bist!« Kurz darauf war das Porträt fertig. Es stellt den Moment dar, als Segantini sich zu ihm umdreht, und entspricht genau dem, was Troubetzkoy verwirklichen wollte: nicht das Ideal, die ewige Gültigkeit, sondern den flüchtigen Augenblick in der lebendigen Wandelbarkeit von Licht und Schatten.

Die Auftragsarbeiten für öffentliche Plätze nicht nur in Italien waren stets notwendig, um ihn finanziell über Wasser zu halten. In Sankt Petersburg gewann er 1906 den Wettbewerb für das Denkmal von Alexander III., das die Mitglieder der kaiserlichen Familie als Karikatur empfanden. Dank privater Unterstützung aber steht es noch heute.

Seiner Heimat Italien blieb er trotz seines bewegten kosmopolitischen Lebens treu. 1938 starb er in Pallanza.

Adresse Via Ruga 44, I-28922 Pallanza, www.museodelpaesaggio.it | Anfahrt vom Hafen in Intra auf der SS 34 bis Verbania-Pallanza und links in den Viale Giuseppe Azari bis zum Parkplatz | Öffnungszeiten täglich außer Di 10–18 Uhr | Tipp Gönnen Sie sich einen Spaziergang zum Park der Villa Giulia am See. Diese wurde 1847 im Auftrag von *Bernardino Branca*, dem Erfinder des berühmten Likörs *Fernet*-Branca, erbaut. Ein Café-Kiosk der Belle Époque und wechselnde Blumen-Ausstellungen in der Orangerie laden zum Verweilen ein.

82 Der Park der Villa Taranto

Die Blätter der Riesenseerose

Als der britische Captain Neil Boyd McEacharn, dessen adelige Familie im Schiffbau reich geworden war, 1930 davon hörte, dass am Lago Maggiore auf dem Felsvorsprung zwischen Pallanza und Intra eine Villa zum Verkauf stand, griff er sofort zu. Er bereiste alle fünf Kontinente, um interessante, in Europa noch nie gesehene Pflanzen zu erwerben, und so schuf er auf seinem neuen Grundstück rund um die Villa Taranto einen der schönsten Botanischen Gärten der Welt.

Eines seiner Prachtstücke ist die *Victoria cruziana* oder Amazonas-Riesenseerose, die größte Seerose der Welt, die hier wie in einer Vitrine in einem kleinen, unbetretbaren Glashaus ausgestellt ist. Ein deutscher Botaniker hatte die Pflanze 100 Jahre zuvor entdeckt und nach der englischen Königin Victoria benannt. Kleine Kinder können auf ihren kreisrunden, schwimmenden Blättern mit dem senkrechten Rand geschützt wie in einer Quicheform sitzen. Die Frauen am Amazonasufer sollen ihre Babys auf ihnen abgelegt haben, während sie daneben ihre Wäsche wuschen.

Ein geniales System von Stützrippen hält die Blätter an der Oberfläche – im 19. Jahrhundert wurden sie so zum Vorbild für technische und architektonische Leichtbauten wie den Kristallpalast in London. Bei manchen Stahlskelettbauten wie dem Eiffelturm soll die Statik nach ihrem Vorbild ausgerichtet worden sein.

Die Riesenseerose ist bis heute ein Paradebeispiel der Bionik. In diesem Zusammenhang interessiert aber auch der sogenannte vertikale Garten im selben Glashaus. Ihn nutzen die Architekten im 21. Jahrhundert als Anregung für die Begrünung von Hochhäusern in Zeiten des Klimawandels. Während die Blüten der *Victoria cruziana* in ihrem Herkunftsgebiet ganzjährig blühen, öffnen sie sich in unseren Breiten nur für zwei Septembernächte, wobei sie in der ersten Nacht von weißer Farbe sind und in der zweiten rosa bis purpurn leuchten.

Adresse Via Vittorio Veneto 111, I-28922 Pallanza | **Anfahrt** SS 34 von Intra Richtung Verbania, Villa in der scharfen Kurve auf der Landzunge | **Öffnungszeiten** unterschiedlich, Infos unter www.villataranto.it | **Tipp** Die Kopfeibe in der Straße der Berühmtheiten hat der botanisch interessierte 80-jährige Konrad Adenauer 1956 gepflanzt. So wie manch anderer Baum im Park der Villa Taranto, die beispielsweise von Margaret Thatcher oder dem Infanten von Spanien gesetzt wurden, ist die Eibe etwas zerzaust, seit 2012 ein Tornado über sie hinwegfegte.

83 Der Bahnhof des Dario Fo

Geschichtenerzähler am »mageren Ufer«

Wer mit dem Auto am nordöstlichen Ufer des Sees unterwegs ist, erschrickt vielleicht über ein Rumpeln und Rattern im steilen Hang über der Straße. Ein langer Güterzug ist gerade dabei, den Autofahrer zu überholen, der auf der kurvenreichen Strecke nicht mithalten kann. Die Bahntrasse ist Teil der NEAT, der Neuen Eisenbahn-Alpentransversale, eines europäisch-schweizerischen Großprojekts, das initiiert wurde, um den Schwerverkehr zwischen Rotterdam und Genua auf die Schiene zu bringen und die Gotthardstrecke zu entlasten. So entstand der 57 Kilometer lange Gotthard-Basistunnel, der längste Eisenbahntunnel der Welt. Der schweizerisch-italienische Teil der NEAT wurde 2020 eröffnet. Die Verbindung Bellinzona–Luino gehörte zu den letzten mit Dampflokomotiven befahrenen Strecken, 1960 erst wurde sie auf elektrischen Betrieb umgestellt. Die fast villenartigen Bahnhöfe sind Typenbauten aus den 80er Jahren des 19. Jahrhunderts, als die Strecke in Betrieb genommen wurde.

Im Dorf Pino Tronzano verbrachte Dario Fo etliche Jahre seiner Schulzeit. Der rebellische Komödiant, Schauspieler, Autor und scharfzüngige Satiriker war der Sohn eines Bahnhofvorstehers und Laienschauspielers, der häufig versetzt wurde. Aufgewachsen ist er an verschiedenen Orten der *sponda magra*, des »mageren Seeufers«, wie die lombardische Seeseite genannt wurde. In den Ferien durfte er seinen Großvater begleiten, der mit einem Pferdekarren umherzog, um Gemüse zu verkaufen. Der war ein begnadeter *fabulatore*, ein Erzähler, der die Lokalchronik mit erfundenen phantastischen und skurrilen Geschichten vermischte. Von ihm lernte Dario das Fabulieren und den satirischen Journalismus. Freunde erinnern sich auch mit Vergnügen daran, wie er den Zug, mit dem er nach Mailand zur Kunstakademie fuhr, zur Bühne seiner Performances machte. 1997 wurde der 2016 verstorbene Dario Fo mit dem Nobelpreis für Literatur gewürdigt.

Adresse I-21010 Pino Tronzano | Anfahrt über die SS 394 | Tipp Im mittelalterlichen Torre di Pino war die Schule untergebracht, in die Dario Fo drei Jahre lang ging. Im Dorf San Giano steht noch das Haus, in dem Fo 1926 geboren wurde. In seinem lustigen Buch »Meine ersten sieben Jahre und ein paar dazu« (»Il paese dei Mezaràt«) berichtet er über seine Kindheit am Lago Maggiore.

84 Die alte Schule

Der Lehrer Rodari, fast ein Nobelpreisträger

Jeder in Italien kennt den Reim von Gianni Rodari: »*Giro giro tondo, casca il mondo*«, ein Lied aus der Pestzeit, das Rodari (1920–1980) in liebenswürdige Verse verwandelt hat, in denen alle Kinder der Welt sich an den Händen halten. Der Kinderbuchautor glaubte an die Kraft der Phantasie, mit Worten wollte er eine bessere Welt erschaffen. 1970 wurde er mit dem Hans-Christian-Andersen-Preis geehrt, dem »Nobelpreis« für Kinderliteratur.

Nachdem Rodari sein Lehrerexamen bestanden hatte, arbeitete er eine Weile als Hauslehrer bei einer deutsch-jüdischen Familie nahe Taino, obwohl er als Student gezwungen war, in die faschistische Partei einzutreten. Mussolinis Rassengesetze vertrieben die Familie, und Rodari begann 1940, als Lehrer an der Volksschule in Ranco zu unterrichten, an der dank einer hohen Geburtenrate reges Leben herrschte. Die Kinder mochten den jungen Lehrer, der seiner Arbeit als Pädagoge mit großem Einfallsreichtum nachkam.

Nach Ranco gelangte er mit der elektrischen Trambahn aus Gavirate, die 1914 gebaut worden war und die Varese mit Luino und Angera verband. Nach dem Kriegseintritt Italiens wurde die Tram stillgelegt, weil alle verfügbaren Männer an die Front beordert worden waren und keine Touristen mehr kamen.

Bei der heutigen Pizzeria Delfino Blu in Uponne stieg Rodari aus, radelte dann nach Ranco zur Schule. Der als zurückhaltend geltende junge Mann freundete sich mit dem Fischer Brunin an. Auf einer Bank am See sitzend, hörte er dessen Erzählungen vom Leben und der Arbeit der Fischer zu. Gemeinsam waren ihnen sozialistische und kommunistische Ideen. Rodari war später auch im Widerstand tätig. Ranco verließ er 1941, ging an die Mailänder Uni und trat dort eine neue Stelle an. Das Fischerdorf, in dem er ein so prägendes Jahr als Lehrer verbrachte, hat er sehr gemocht: Es taucht später in seinen Geschichten immer wieder auf. Entlang der alten Trambahnstrecke gibt es noch einige Wartehäuschen, heute Blumenladen.

Adresse Piazza Parrocchiale 4, I-21020 Ranco | Anfahrt auf der SP 4 von Uponne oder Angera nach Ranco, am See entlang | Tipp »Giardini Rodari« heißt die kleine Grünanlage mit Spielplatz an der Spitze von Ranco, wo die Gemeinde ihre Feste feiert. Die Bar Il Molo an der Schiffsanlegestelle ist täglich von 8 bis 24 Uhr geöffnet und zählt zu den charmantesten Bars in der Gegend.

85 Die Fischzucht

Zweieinhalb Millionen Babyrenken in Glasglocken

Fischer gibt es hier leider keine mehr. Oder ganz viele, denn der König von Spanien, der auch in dieser Region regierte, erließ als Dank für die Rettung seiner Tochter aus dem stürmischen Lago 1626 ein Dekret: Alle Bewohner von Ranco und Angera dürfen seitdem mit dem Netz fischen, ohne Abgaben zahlen zu müssen.

Das Wappen von Ranco besteht aus einem Weinstock, dem Symbol landwirtschaftlicher Tätigkeit, und einem Fisch, dem Symbol der traditionellen Fischerei. Es erstaunt daher nicht, dass selbst der Bürgermeister zu den vier *ranchesi* gehört, die sich um die wundersame Vermehrung der Renken (oder Felchen) – *lavarelli* – kümmern. Es gibt viele Belege für mittelalterliche Fischzuchtanlagen in den Sumpfgebieten bei Angera.

1931 wurde die neue Fischzuchtstation eingeweiht, die mit Unterbrechungen ab 2006 nun wieder Jahr für Jahr als *lavarello*-Brutstätte dient. Die weiblichen und die männlichen Renken werden im Dezember in kniehohem Wasser gefangen, Samen und Rogen werden entnommen und in große Glasglocken eingesetzt, durch die einen Monat lang sauerstoffreiches, sprudelndes Seewasser fließt, bis die winzigen Renken schlüpfen. Alsbald ans nahe Seeufer gebracht, ziehen sie gemeinsam los in Richtung Seemitte, ein besonderer Moment, der früher in Begleitung des Pfarrers feierlich als Dorffest zelebriert wurde. Anschließend gab es Süßes für die Kinder im Albergo Sole, einem Hotel mit Restaurant, in dem Renke und Barsch *(pesce persico)* heute noch besonders fein zubereitet werden.

Das CIPAIS, die Internationale Kommission zum Schutz der italienisch-schweizerischen Gewässer, legt fest, wo welche Fischart gezüchtet wird. Ranco muss zum Beispiel Felchenbabys in den Luganer See abgeben und bekommt im Gegenzug Mini-Forellen, die auch in Lesa gezüchtet werden. Dort betreibt ein Fischer nicht nur einen Stand mit frischem Seefisch, sondern auch ein schwimmendes Restaurant!

Adresse Vicolo di Sopra, I-21020 Ranco | Anfahrt SP 4, in der letzten Kurve hinunter zum See | Tipp Vielleicht haben Sie Lust und gehen ein wenig im alten Ranco hinter dem Albergo Ristorante Il Sole di Ranco spazieren: Vicolo di Sotto, Vicolo di Sopra, Piazza Venezia – hier bekommt man Einblick in eine stehen gebliebene Zeit.

86 Der Sasso Cavallazzo

Die blutige Reiterschlacht in den Sümpfen

Die Eisströme des Quartärs, des jüngsten Eiszeitalters der Erde, haben ihre Fracht hier abgeladen: Ranco ist das Dorf mit den meisten Findlingen am See. Schräg aus dem Wasser ragt der größte Serpentinitblock der Region, der Sasso Cavallazzo, der von einem Felssturz, vermutlich im Gotthardgebiet, stammt. Sein Volumen unter Wasser ist nicht annähernd zu schätzen, denn ungeachtet seiner starken Neigung trotzt er der Schwerkraft.

Je nach Wasserstand, der vor allem in diesen letzten Jahren sehr variiert, erklimmen mitunter Badende, die einen ruhigen Ort am See wittern, seinen Rücken, um sich zu sonnen und den Blick schweifen zu lassen – hinaus in die blaue Weite.

Diese flache Bucht, die sich von Ispra bis zur Spitze von Ranco dehnt, ist der Golfo della Quassa, der seit 2010 unter Landschaftsschutz steht – ein Feuchtgebiet, das nie bebaut und kaum landwirtschaftlich genutzt wurde. Zwischen den Bäumen glänzen Wassertümpel, wachsen gelbe Iris, und bis weit in den Sommer hinein hört man abends das Konzert der Frösche. Viele Vogelarten sind zu beobachten, und wenn der Nordwind den See aufwühlt, ist der Strand bedeckt mit Treibholz, das die Wellen herantragen. Wenn man genau hinsieht, kann man unter all dem Treibgut auch Wassernüsse finden, die Früchte einer endemischen, vom Aussterben bedrohten Wasserpflanze, die hier wächst: *Trapa natans*. Die dreieckigen, gezackten schwarzen Nüsse sehen aus wie antike Schmuckstücke aus Bronze. In den kleinen Kirchen der Region findet man sie als Perlen der Rosenkränze, die in den Nischen bei den Madonnenbildern hängen.

Kaum noch vorstellbar aber ist, dass 1276 in dem sumpfigen Gelände eine blutige Schlacht zwischen den Visconti und den Della Torre um die Herrschaft von Mailand stattfand, die »Battaglia della Guazzera«. 15.000 Söldner kämpften gegeneinander, die Visconti unterlagen, siegten aber im darauffolgenden Jahr bei Desio.

Adresse Golfo della Quassa, I-21020 Ranco | Anfahrt von Ispra beziehungsweise Angera auf der SS 69, dem Wegweiser »Parco del Golfo della Quassa« folgen, Parkmöglichkeiten gegenüber der Gärtnerei, auf dem Kiessträßchen zu Fuß weiter | Tipp Beachten Sie die weißen Begrüßungsschilder mit blauer Schrift und in vielen Sprachen an der Straße Richtung Ranco: Relikte der internationalen Regatta Cento Vele von 1968.

87 Die Blutskirche

Monumentales Byzanz im Alpental

Wer durch das Valle Vigezzo fährt, der Straße und ihren Kurven Richtung See folgend, erschrickt beim Anblick des Santuario della Madonna del Sangue wie vor einer Erscheinung. Diese im Jahr 1958 fertiggestellte neobyzantinische Monumentalkirche gleicht mit ihrer über 50 Meter hohen Kuppel den großen Sakralbauten Istanbuls.

Aber warum hier? Ausgangsgeschichte ist ein Steinwurf aus dem 15. Jahrhundert, überliefert auf zwei Papyrusrollen, die heute im Archiv der Pfarrei aufbewahrt werden: Beim Spiel *la piodella* soll ein Knabe aus Wut einen Stein nach einem Madonnenbild an einer Kirchenwand geworfen haben. Dieses habe daraufhin zu bluten begonnen. Wunder geschahen, und man umbaute das nun zum Kult gewordene Bild mit einer entzückenden, noch gut erhaltenen einschiffigen Kirche.

Im Zentrum steht der Altar mit dem kleinen Wunderbild, das Maria als stillende Mutter darstellt. Es lockt Pilger aus der ganzen Welt an und ist vielfach kopiert in Dorfkirchen und Wegkapellen der umliegenden Täler zu finden. Die kleine Kirche konnte dem Zustrom nicht mehr standhalten. Mit Privatgeldern wurde im Jahr 1922 der Grundstein für die neue Wallfahrtskirche gelegt, die nun die alte Kirche in sich aufnimmt.

Erhellt wird sie mit einem Zyklus besonders schöner Glasfenster, die je nach Lichteinfall die Kirche tagsüber in bunte Farbspiele und -spiegelungen tauchen. Der Franziskaner Padre Costantino Ruggeri (1925–2007), der erst nach seinem Theologiestudium 33-jährig in Mailand sein Kunststudium begann, schuf diesen 28-teiligen Zyklus – gefertigt mit mundgeblasenen Scheiben aus Muranoglas. Ruggeri, der mit den Architekten Alvar Aalto und Le Corbusier bekannt war, schrieb: »Der Himmel bricht aus den Fenstern und verwandelt sich in einen schimmernden Fluss, der über den Boden fließt, während die Schatten in die Ecken fliehen und man sie nicht mehr sieht. Nachts ist es der Mond, der den Tanz anführt.«

Adresse Basilica della Beata Vergine Maria del Sangue di Re, Via Locarno 4, I-28856 Re | Anfahrt Valle Vigezzo, erreichbar von Cannobio (30 Kilometer) oder durchs Centovalli (mit der Centovallibahn zum Beispiel ab Domodossola oder Locarno) | Öffnungszeiten täglich 8–12 und 14–19 Uhr | Tipp Im benachbarten Dorf Villette ist an fast jedem Haus eine Sonnenuhr angebracht, Zeichen der großen Bedeutung dieses Himmelsgestirns – vor allem im Winter.

88 Die alte Glasfabrik

Meilenstein der Sozialgeschichte Italiens

Am Lago Maggiore und am Fluss Ticino wurde schon seit der Antike Glas hergestellt. Die *cogoli*, kostbare quarzreiche Flusskiesel, wurden hier gesammelt und in großen Mengen bis nach Murano verschifft – sie ergaben ganz besonders klares Glas. Die waldreiche Gegend lieferte das Holz, der Ticino den silikatreichen Sand und die Quarzkiesel. Der See und der Fluss dienten dem Transport.

Die industrielle Revolution kam 1813 mit dem Bau der ersten Glasfabrik nach Sesto Calende. Hergestellt wurde hier vor allem Gebrauchsglas. Berühmt waren die Flaschen mit dem Kugelverschluss für die *gassosa*, die Brauselimonade. Leider sind nicht mehr viele davon erhalten, da die Kinder sie zerschlugen, um an die als Murmeln begehrten Kugeln zu gelangen.

Sozialgeschichtlich bedeutsam aber wurde die Glasfabrik Vetreria Operaia Federale (VOF) im Zentrum von Sesto Calende, die erst 1906 in Betrieb ging. Hier wurde, zusammen mit Glashütten in fünf weiteren italienischen Städten, der erste Kollektivvertrag der Gewerkschaftsbewegung in Italien unterschrieben. Die VOF war ein genossenschaftlich von den Arbeitern und Arbeiterinnen geführtes Unternehmen, das sich von den Arbeitgebern emanzipiert hatte. 1924 wurde die Kooperative in eine Aktiengesellschaft – *società anonima* – umgewandelt, um eine Vereinnahmung durch die Faschisten zu verhindern. Zwischen 1930 und 1950 boomte die Glasherstellung hier, was den Arbeitenden einiges abverlangte. Man stelle sich vor, dass die großen, 56 Liter fassenden Glasballons für den frisch gepressten Wein – *damigiane* – von einem einzelnen Arbeiter geblasen wurden! Der Anschluss an einen größeren Konzern markierte das Ende der VOF.

1997 wurde die Glashütte geschlossen. In der Nähe des Bahnhofs stehen noch etliche Werkshallen und das schöne große Gebäude mit den Öfen. Sie sollen restauriert werden, denn hier soll ein Glasmuseum entstehen.

Adresse Via Risorgimento, am Bahnhof vorbei bis zur Via Vittorio Veneto, I-21018 Sesto Calende | Anfahrt von Arona oder Vergiate kommend auf der SS 33 bis zum Kreisel in Sesto, dann in die Via Ferrarin zum Bahnhof | Tipp Das große Informationszentrum Centro Parco Oriano informiert über (Rad-)Wanderungen im Parco del Ticino.

89 Die Golasecca-Kultur

Die Kelten vom fiume azzurro

Aus den Fenstern des bescheidenen Museo Archeologico, das sich mit den »Kelten vom blauen Fluss«, *i celti del fiume azzurro*, beschäftigt, blickt man hinunter auf den geruhsam dahinfließenden Ticino. Ein Häuschen im Grünen, ein Kahn vor der Terrasse. Nun, den Kelten hat das gefallen – immerhin siedelten sie etwa 1.000 Jahre lang am Ufer des Ticino. Entlang dieser Wasserstraße verlief ein wichtiger Teil der prähistorischen Alpentransversale, des Handelswegs zwischen dem Mittelmeerraum und den Völkern nördlich der Alpen. Zwischen der Poebene, dem Lago Maggiore und dem Tessin entwickelte sich eine blühende Zivilisation, die Golasecca-Kultur, die aufgrund zahlreicher Gräberfunde besonders gründlich erforscht ist.

Es waren lepontinische Kelten, die hier zwischen dem 13. und dem 3. Jahrhundert vor Christus lebten und deren Totenkult eng mit konkreten Jenseitsvorstellungen verbunden war. Sie verbrannten ihre Toten und bestatten sie in schön verzierten Urnen mit Grabbeigaben – sogar das älteste bekannte Hopfenbier wurde hier in einem der flachen, mit Flusskieseln umlegten Gräber gefunden. Aus ihnen lässt sich ablesen, dass es im 6. Jahrhundert vor Christus soziale Differenzierungen gab. Es bildeten sich dominante Eliten, vor allem aus der Kaste der Krieger. Bei Sesto Calende begrub man militärische Führer mit ihren Streitwagen, die heute in den größeren Museen von Varese und Mailand zu sehen sind.

Die Kelten haben keine eigene Schrift verwendet. Sie benutzten eine Form der etruskischen Schrift, das sogenannte Alphabet von Lugano, eine Art Lautschrift. In Castelletto Ticino, dem Fundort vieler Gräber der Golasecca-Kultur, wurde die älteste bekannte Inschrift auf einem Stein entdeckt. Seltsam krakelig sehen die Buchstaben aus, wie die Spuren von Vogelfüßen. »Chothios der Sohn des Alten« bezeichnete vermutlich eine Flurmarkierung. Der Stein ist in der dortigen Bibliothek ausgestellt.

Adresse Museo Archeologico, Piazza Giuseppe Mazzini 1, I-21018 Sesto Calende | **Anfahrt** von der SS 33 zum Lungofiume hinunterfahren, von dort zu Fuß durch die Gassen zum Museo Archeologico | **Öffnungszeiten** täglich außer Sa 9–12 und 14–18 Uhr | **Tipp** Der Sass da Preja Buja ist ein Felsblock aus Serpentinit, den die Eiszeitgletscher bis Sesto Calende transportiert haben. Die schalenförmigen Vertiefungen und eingeritzten Zeichen lassen vermuten, dass er in prähistorischer Zeit als Altar gedient hat. Er ist stark magnetisch und macht Kompasse verrückt.

90 Das Künstler-Atelier

Der Bildhauer und Sammler Giancarlo Sangregorio

Die Skulpturen des Bildhauers Giancarlo Sangregorio (1925–2013) setzen sich aus Elementen verschiedener Gesteinssorten und Hölzer zusammen, deren gegenseitige Durchdringung ihn besonders interessierte. Vor dem Eingang zu seinem Wohn- und Atelierkomplex liegen verwitterte Holzbalken und Steine im Gebüsch. Auf dem kleinen Parkplatz, seinem einstigen Arbeitsplatz im Freien, können Besucher sich auf den Sockel von »Longobarda« setzen, einem Werk aus rotem persischem Travertin, weißem Marmor und dem schwarzen Holz des Mammutbaumes.

Als junger Autodidakt hat er sich am roh gebrochenen Stein versucht, um dann an der Akademie in Mailand bei Marino Marini Bildhauerei zu studieren. Bald wendete er sich von der figurativen Darstellung ab, hin zu einer ganz eigenständigen Abstraktion, die in keine damals geläufige Stilrichtung einzuordnen war. Er kombinierte Elemente aus heterogenen Materialien – Stein, Holz, Glas, Schaumstoff – von unterschiedlicher Struktur und Farbe: rau und poliert, matt und glänzend. Ineinandergesteckt schmiegen sich die skulpturalen Teile aneinander oder durchdringen sich mit fast ungestümer Wildheit und expressiver Kraft. Skulpturen entstanden, die aufgeladen sind mit immanenter Sprengkraft und dennoch oft Harmonie ausstrahlen.

Seine Liebe galt dem Reisen in ferne Länder und Kontinente, von denen er nicht nur seine Materialien bezog. Im Laufe der Jahre hat er eine umfangreiche Sammlung von Kunstwerken außereuropäischer Kulturen angelegt, die hier in seinem Wohnhaus eine ganz besondere Symbiose mit seinen eigenen Arbeiten und jenen von Weggefährten eingehen. Die Stiftung Sangregorio versucht, so wenig wie möglich im Atelier und im Wohnhaus zu verändern. Das verleiht dem lichten Gebäudeensemble mit Blick über den südlichen Zipfel des Lago Maggiore die Authentizität eines noch immer lebendigen Ortes des Schaffens.

Adresse Via Cocquo 19, I-21018 Sesto Calende | Anfahrt Via Angera zwischen Angera und Sesto Calende, bei Lisanza in die Via Lombardia hinauf, von dort in die Via Cocquo | Öffnungszeiten nach Vereinbarung bei der Fondazione Sangregorio unter Tel. +39/339/2715986 oder E-Mail: francesca.marcellini@libero.it | Tipp In Druogno im italienischen Valle Vigezzo hat Sangregorio den »Giardino di Montagna« geschaffen. Das Studienzentrum vor Ort in einer Kirche hält weitere Werke bereit.

91 Die Messlatte aus Marmor

Neun Tage Sintflut – ein historisches Hochwasser

Rings um den See finden sich Steinstelen, die den Wasserstand vom 5. Oktober 1868 anzeigen: knapp sieben, in Locarno sogar 7,5 Meter über dem hydrometrischen Nullpunkt!

In Stresa reichte das Wasser bis zum Tabernakel über dem Hochaltar der Kirche, und selbst in Pavia in der Poebene stand es noch zwei Meter hoch in den Straßen. Die Überschwemmung zerstörte die Fischteiche entlang des Ticino und förderte in Sesto Calende eine alte Brücke zutage, die sich über die Flussbreite erstreckte und wahrscheinlich aus dem Mittelalter stammt. Betroffen war nicht nur der Lago Maggiore, in vielen Schweizer Kantonen gab es verheerende Schäden: Dörfer wurden zerstört, Menschen verloren ihr Hab und Gut, viele ihr Leben.

Der Grund: Die feuchtwarme Luft vom Mittelmeer wurde von starken Winden aus dem Südwesten nach Nordosten gepeitscht, stieg an den Bergen auf und regnete ab. Doch die Ursachen für die Überschwemmungen waren auch damals menschengemacht, eine davon war die schon im 19. Jahrhundert radikale, fast industrielle Abholzung der Bergwälder. Die ausgedünnten Wälder konnten das Wasser nicht mehr zurückhalten, die Bergbäche wurden zu reißenden Flüssen. Der Toce aus dem Ossolatal und der Ticino beförderten immense Wassermengen in den See.

Im 19. Jahrhundert waren Hochwasser in der Lago-Maggiore-Region sehr viel häufiger als danach. Vor allem in der Schweiz arbeitete man später intensiv an der Vermeidung von Hochwasserschäden, indem man die Bergwälder aufforstete und künstliche Stauseen anlegte, die nicht nur der Energieversorgung dienten, sondern auch das Anschwellen der Bergbäche verhinderten. Der starke Wasserdurchfluss jener Tage hat auch die Sohle des Ticino bei Sesto Calende tiefergelegt, und künftig konnte das Wasser viel schneller abfließen. Seitdem hat der See diese Werte nie wieder erreicht. Zuletzt stieg er am 17. Oktober 2000 bis auf 4,62 Meter über den hydrometrischen Nullpunkt.

Adresse Hauswand an der Piazza de Cristoforis, I-21018 Sesto Calende | **Anfahrt** von der SS 33 hinunter zum Lungofiume, Viale Italia bis Piazza de Cristoforis | **Tipp** Das »Parco Acquatico Wave«, ein Spaßbad nicht nur für Kinder in der Via dello Sport 1, ist für die Einheimischen eine echte Konkurrenz zum See geworden (Anfang Juni – Anfang Sept. täglich 9.30 – 19 Uhr, www.wavesesto.it).

92 Die Rampe Ex-Idroscalo

Häuptling Fliegender Adler

Vom *idroscalo*, der Startrampe, die weit in den See hinaus gebaut worden war, hob am 12. Februar 1921 ein gigantisches Wasserflugzeug ab: der »Capronissimo«. Gebaut in den großen Hangars von Sesto Calende, war es das seinerzeit größte Zivilflugzeug und der Traum des damals erst 33-jährigen Gianni Caproni, eines der bedeutenden Flugzeugkonstrukteure jener Zeit. Acht Motoren und neun Flügel sollten 100 Passagiere transportieren können. Das stabile Flugzeug erwies sich beim ersten Versuch als leicht steuerbar und erreichte eine Geschwindigkeit von 80 Kilometern pro Stunde. Beim zweiten Testflug aber stürzte es nach dem Start in den See und war so schwer beschädigt, dass das Projekt aus Geldmangel aufgegeben werden musste. Ursache des Absturzes waren im Heck verrutschte Ballastsäcke.

In Sesto gelang 1925 dem Flugpionier Francesco de Pinedo der Start mit der einmotorigen S-16 und damit die Überquerung von drei Kontinenten – der längste Streckenflug der Welt: 55.000 Kilometer über Melbourne und Tokio nach Rom.

Auch Italo Balbo, Faschist der ersten Stunde, startete hier mit der zweimotorigen Savoia-Marchetti S.55 zu seinen Transatlantikflügen – teils in großen Flugformationen mit zwölf Maschinen, zum Beispiel 1930 nach Brasilien und 1933 nach Chicago, und mit 25 Maschinen nach New York. In den USA bereitete man ihm einen triumphalen Empfang. Straßen wurden nach ihm benannt, Roosevelt lud ihn zum Essen ein, und der Stamm der Sioux ernannte ihn zum »Häuptling Fliegender Adler«.

Mussolini betrachtete seinen populären Minister bald mit Missgunst und schob den möglichen Rivalen als Gouverneur in das besetzte Libyen ab. Es kam zum Zerwürfnis, als der Duce an der Seite Deutschlands in den Krieg eintrat, was Balbo vehement ablehnte. Mit seinem Flugzeug wurde er 1940 von der italienischen Flugabwehr im libyschen Tobruk abgeschossen – angeblich aus Versehen. Historiker bezweifeln das bis heute.

Adresse Parco Europa, Via Ferriera, I-21018 Sesto Calende | **Anfahrt** von Sesto Calende auf die Via Angera, links abbiegen in die Via Sant'Anna, wird zur Via Ferriera | **Tipp** Die Ruine des Castello di Lisanza auf einem Hügel in Sichtkontakt mit den Burgen von Arona und Angera war Teil der Befestigungslinie, die sich das ganze Ostufer entlangzog.

93_Das Flugzeugmuseum

»Volare … oh, oh!«

Im Flugzeugmuseum Volandia, dem größten Italiens, kann man nacherleben, wie der Traum vom Fliegen Wirklichkeit wurde. Untergebracht ist das Museum auf dem Gelände des ehemaligen Flugzeugbauers Caproni und in dessen alten Werkshallen – mit viel Freiflächen, einem Spielplatz und Picknick-Arealen ringsherum. Direkt neben dem großen Mailänder Airport Malpensa ist es ein fast beschaulicher Ort.

Erzählt wird die Geschichte vor allem der italienischen Luftfahrt. Angeregt durch den ersten gelungenen Flug der Gebrüder Wright mit einem Motorflugzeug 1903, schickte der Konstrukteur Gianni Caproni 1910 sein erstes Flugzeug in den italienischen Himmel. Neben dem grazilen Doppeldecker »Ca. 1« – dem ältesten erhaltenen Flugzeug Italiens – kann man in Volandia an die 100 Flugzeuge der vier sehr erfolgreichen lombardischen Unternehmen bestaunen, aber auch amerikanische, britische und deutsche Maschinen von 1910 bis heute. Jede hat ihre eigene Geschichte, wie das Kunstflugzeug »Ca. 113«, mit dem 1935 erstmals der Höhenrekord der Frauen erreicht wurde: 12.010 Meter. Man kann in den Weltraum starten und Hubschrauber besteigen oder sich als erfahrener Pilot fühlen und selbst ein Flugzeug über den Lago Maggiore steuern, allerdings nur im Simulator. Bei der Drohnenschau gibt's viel Halligalli, wenn Kindern diese »Insekten« um die Nasen schwirren.

Noch ein Highlight erwartet Sie: eine Sammlung der schönsten und elegantesten Autos, die der geniale Karosserie-Designer Nuccio Bertone in Turin entworfen hat: *La bella macchina!*

Aber da ist auch die finstere Seite der Luftfahrtgeschichte. Nicht zuletzt Caproni hat die Faschisten mit Bombern, Kampfflugzeugen und Jagdfliegern beliefert und damit zum erbarmungslosen Töten und Zerstören im Zweiten Weltkrieg beigetragen. Der Museumsshop, optisch ganz unter Militaria-Herrschaft, zeigt diese andere Geschichte der Volandia ungewollt in bestechender Offenheit.

Adresse Volandia, Via per Tornavento 15, I-21019 Somma Lombardo | **Anfahrt** von Somma Lombardo über die SS 33 Richtung Flughafen Malpensa, ausgeschildert | **Öffnungszeiten** März–Nov. täglich außer Mo 10–18 Uhr | **Tipp** Wer noch nicht genug vom Fliegen hat, sollte sich nach Samarate zum Museo Agusta begeben, das neben Helikoptern auch höchst erfolgreiche Motorräder zeigt. Nur 13 Kilometer von Malpensa entfernt, kann es noch am selben Tag besucht werden.

94 Der Staudamm Panperduto

Das Wasserschloss am Ticino

Alles begann 1884 mit dem Bau des Staudamms. Die Wasser des Lago Maggiore wurden dem Menschen dienstbar gemacht: für die Schifffahrt, die Energiegewinnung, den Schutz Mailands an Hochwassertagen und die austrocknenden Reisfelder der Poebene. Am Panperduto, elf Kilometer südlich des Lago Maggiore, wurde das freie Naturwunder eines Alpenflusses also endgültig domestiziert – daher wohl auch sein Name. Vor dem Bau des Damms gab es hier gefährliche Stromschnellen, die oft für Unfälle sorgten und damit einen verlorenen Broterwerb, *pane perduto*.

Über 65 Kilometer machte sich der Ticino zuvor – vom Nufenenpass herkommend – im Langensee breit. Auf bis zu zehn Kilometer Breite vergnügte er sich mit alpinem Treibholz, den sich auf ihm wiegenden Fischern und den Toten in seinem 370 Meter tiefen Bett. Nun aber, hinter einer letzten weiten Biegung, stößt der Ticino auf stolzes Menschenwerk: Der Staudamm des Architekten Eugenio Villoresi stellt sich ihm mit imposanten Bögen und 30 hölzernen Schotten gleich einem quer stehenden Wasserschloss gebieterisch in den Weg. Direkt dahinter beginnt das ausgefuchste 86 Kilometer lange Kanalsystem Villoresis. Schon seit dem 19. Jahrhundert also nimmt der Mensch das Wasser hier in seine Dienste, seit Beginn des 21. Jahrhunderts modelliert er die Kanallandschaft hinter dem Staudamm zum Welterbe.

Auf festen Pfaden trifft sich bei schönem Wetter das Volk nun zum ganzjährigen Spaziergang mit Buggy, aber auch zum Mountainbiken. Im Wassermuseum vis-à-vis dem Tourist-Point wird nicht nur Kindern das Kulturgut Wasser nahegebracht. Eine neue Fischtreppe ermöglicht es dankbaren Forellen, flussaufwärts zu schwimmen. Und unter frisch gepflanzten Apfelbäumen delektieren sich auf der Landzunge zwischen den Wasserstraßen Schwäne, die manchmal fauchen. Ein Weltkulturerbe mit dreierlei Zwecken: der Bewässerung, der Landgewinnung und der Volksbildung.

Adresse Via Lungo Canale Villoresi 4, I-21019 Somma Lombardo | Anfahrt SS 336 von Varallo Pombia oder Malpensa | Tipp Auf dem 85 Kilometer langen Weg, der am Canale Villoresi beginnt, gelangt man in die Region um Bergamo. Er verbindet den Ticino mit der Adda und verläuft völlig eben.

95_Das Visconti-Schloss

Die Kunst des Bartscherens

»Wünschen der gnädige Herr heute Blumen oder Früchte unterm Kinn? Oder darf es etwas Holländisches sein?« So pflegte wohl der Barbier den Grafen zu fragen, wenn er sich anschickte, diesen zu rasieren. Die Sammlung von über 500 Bartschalen mit unterschiedlichsten Motiven aus dem 18. Jahrhundert, zusammengetragen aus vielen europäischen Ländern, ist einzigartig in der Welt.

Durch das Städtchen Somma Lombardo spazierend, steht man unerwartet vor der Kulisse einer mittelalterlichen, mit Zinnen bewehrten Burg aus groben Steinen. Im 9. Jahrhundert wurde sie zur Verteidigung der Linie Mailand–Lago Maggiore erbaut, erst 1448 wurde sie zu einem Adelssitz, als die Brüder Francesco und Guido Visconti sich hier niederließen. 1473 beschlossen die beiden im Streit, das Herrenhaus und das Dorf untereinander aufzuteilen. Die rechtliche Trennung dauerte bis 1950, als der Markgraf Alberto Visconti di San Vito den Besitz wieder vereinigte.

An den Kastanien vorbei geht es durch den Burghof eine Treppe hinauf. Dort taucht man in die Gemächer der adeligen Familie Visconti ein, die sich im 15. Jahrhundert hier ihre Sommerresidenz einrichtete. Die Schlange über dem Torbogen, ihr Wappentier, hat es schon verraten. Ehe man aber die stillen Räume durchwandert, erlebt man noch eine Schrecksekunde, wenn man sich auf dem Treppenabsatz plötzlich einem großen Hund gegenübersieht – bis man begreift, dass das ausgestopfte Tier nicht knurrend aufspringen wird. Etwas von dieser leblosen Lebendigkeit ist auch dem gesamten Interieur zu eigen. In dieser kultivierten Pracht aus mehreren Jahrhunderten, geschmückt mit Fresken und Gemälden, ist die Zeit stehen geblieben. Und man trifft auf andere sorgsam konservierte Welten: gläserne Vitrinen mit 360 präparierten Vögeln, so unheimlich wie lebensecht; fast könnte man meinen, ihr lautloses Konzert zu hören. Unüberhörbar sind im Sommer jedoch die Rufe der Mauersegler, die draußen um die Türme flitzen.

Adresse Piazza Publio Cornelio Scipione 2, I-21019 Somma Lombardo | Anfahrt von Golasecca auf der SP 27 oder von Vergiate auf der SS 33 | Öffnungszeiten April–Okt. So 10–18 Uhr; Führungen buchbar | Tipp Das Santuario della Madonna della Ghianda (um 1600) beherbergt ein Fresko des spätgotischen Meisters Michelino da Besozzo, das die Madonna zwischen den Zweigen einer Eiche darstellt. Im 13. Jahrhundert erschien sie einer Hirtin, die daraufhin von ihrer Taubstummheit geheilt wurde.

96_Der Bahnhof

Der Orient-Express hielt um 13.05 Uhr

Mit der Eröffnung des Simplontunnels 1906, des damals längsten Eisenbahntunnels der Welt, gewann der Handelsweg Paris–Mailand eine neue Dynamik. Bahnhöfe mussten gebaut werden! Das Projekt wurde dem Mailänder Architekten Luigi Boffi (1846–1904) übertragen, der für seine romantisierenden Villen am Lago Maggiore berühmt war. Er war ein eklektizistischer Vertreter der Art nouveau, die mit ihrer Sehnsucht nach dem märchenhaft Fernen und einem grenzenlosen Zukunftsglauben der richtige Architekturstil für Bahnhöfe zu sein schien. Der Wohlstand der Belle Époque hatte das Reisen attraktiv gemacht. Die Reichen und Schönen strömten an den Lago Maggiore, in ihre Villen oder in die eleganten Luxushotels. Sie sollten standesgemäß begrüßt werden.

Das ist Boffi gelungen. Der charmante Bahnhof von Stresa gleicht einer Villa im Grünen. Mit seinem aufgebrochenen Giebelchen und dem laubsägeartigen Holzzierrat beflügelt er die Vorfreude der Reisenden auf ihre Sommerfrische. Und zugleich bestärkt er sie in ihrem Fernweh. Denn hier hielt von 1919 bis 1977 der Simplon-Orient-Express auf seinem Weg nach Konstantinopel, dem heutigen Istanbul, der gleich zweimal am Lago Maggiore Station machte, um 12.52 Uhr in Pallanza und um 13.05 Uhr in Stresa.

»Diese herrlichen Orte, die Bahnhöfe, von denen man in die Ferne reist«, so Proust. Am Ende glichen sie sich alle, fand einst Italo Calvino. Nicht ganz! Die Bahnhöfe Luigi Boffis am Lago-Ufer sind speziell. Obwohl jeder anders ist, weisen sie die gleichen Dekorationselemente auf, wie die Fensterumrahmungen und die breiten Gurtbänder aus rosa Granit und den Mittelteil, der durch eine verzierte Bekrönung oder einen spitzen Giebel hervorgehoben ist. Domodossola ist unter ihnen der pathetischste, Meina und Belgirate muten eher bescheiden an, Arona mit dem schmiedeeisernen Spitzenwerk der überdachten Perrons ist der harmonischste. Am schönsten aber ist der Bahnhof von Stresa.

Adresse Via Giosuè Carducci 1, I-28838 Stresa | Anfahrt mit dem Zug ab Mailand, Domodossola, Arona oder sonst einem Bahnhof an der Strecke | Tipp Über 50 Tierarten leben im Zoo der Villa Pallavicino: Zebras, Kängurus, Nasenbären. Manche darf man streicheln, andere haben hier Asyl gefunden. Die ältesten Tulpenbäume Italiens und Davidia, der Taschentuchbaum, haben im Park ebenfalls ihr Zuhause.

97_Das Caffè degli Artisti

Mignon erscheint deutschen Geistersehern

Goethe sei nie am Lago Maggiore gewesen, sagen die fleißigen Philologen. Sie haben zweifellos recht. Wenn nicht – ja, wenn nicht ein geistiger Nachfahre ihn dort vor 100 Jahren mit eigenen Augen erblickt hätte. In Stresa auf dem Markt. Als Gerhart Hauptmann dort »das besuchteste Café der Piazza« betritt, »um einen Vermouth zu mir zu nehmen«, sieht er *ihn*. Einen würdigen Herrn im »Kreise lebhafter älterer Damen: Der Mann war Goethe von Kopf bis Fuß«. Eine Erscheinung! Denn Goethe, der Ursprung aller Italien-Sehnsucht, geistiger Vater der Mignon aus dem blühenden Zitronenland, war – tut uns leid – nie am Lago Maggiore. Handelte es sich hier also um einen leiblichen Nachfahren des sexuell Unermüdlichen? Doch nein, lassen wir den Goethe-Besessenen Gerhart Hauptmann mit sich und solchen Männerphantasien allein. Einsam wird er dabei nicht gewesen sein, denn welcher gute Tourist aus dem Norden hat sich in den letzten 200 Jahren nicht Seite an Seite mit dem deutschen Dichterfürsten an den Lago Maggiore geträumt.

Goethe tat alles, um dem Vorschub zu leisten. Von Carlo Borromeos Statue schreibt er, als hätte er ihr höchstselbst gegenübergestanden. Und seine Mignon aus den »Lehrjahren«, jene unfassbare Transperson – »kaum beachtetes, vater- und mutterloses Kind, verirrte, geraubte und verschleppte Gestalt« –, wächst am Westufer des Lago auf. Bei der Überquerung des Sees verliert sich ihre Spur, in Deutschland beim Wilhelm Meister findet sie für kurze Zeit ein Zuhause. Eine Schimäre! Seitdem suchen und finden deutsche Geisterseher Goethe an seinem Lieblingssee. Doch der einstige Marktplatz in Stresa heißt heute Piazza Cadorna. Hier treffen sich jährlich Hunderttausende Gäste aus der ganzen Welt zum Shopping in den kleinen Boutiquen und Lädchen. In Blickweite immerhin befindet sich das untouristische Caffè degli Artisti, in dem sich auch heute noch würdige Herren mit Damen umgeben.

Adresse Via Principe Tomaso 42/44, I-28838 Stresa | **Anfahrt** von Norden über die SS 33 ins Zentrum, dort links in die Via Principe Tomaso | **Öffnungszeiten** Mo–Mi 6.15–19.30 Uhr, Do 6.15–17 Uhr, Fr, Sa 6.15–20.30 Uhr, So 6.15–17.45 Uhr | **Tipp** Abseits des Zentrums, am zentralen Parkplatz der Stadt, auf dem die Autos freitags dem Wochenmarkt weichen müssen, liegt die Osteria Mercato mit feiner Küche.

98 Die Hemingway-Bar

Die Flucht über den See

Die kleine, elegante Bar des Grand Hotel des Îles Borromées ist zwar nicht mehr ganz die originale, hält jedoch einige Erinnerungen an einen der berühmtesten Gäste Stresas, Ernest Hemingway, bereit: Fotos schmücken die Wände, und der exquisite Cocktail »Hemingway Special«, eine Variation des kubanischen Daiquiris, wird serviert. Berührend ist die gerahmte Seite aus dem Gästebuch, in das er sich 1948 eingetragen hat: »Ernest Hemingway (an old client)«.

Der 18-jährige Amerikaner brannte darauf, an der italienischen Front zu kämpfen, und erlebte 1918 den Krieg als Krankenwagenfahrer beim Roten Kreuz, bis er eine schwere Beinverletzung erlitt. Bis zu seiner Genesung musste er lange Zeit in einem Mailänder Krankenhaus verbringen und wurde danach noch zehn Tage zur Erholung nach Stresa geschickt. Er logierte im Grand Hotel des Îles Borromées – in der Belle Époque Treffpunkt der Reichen und Adeligen – im Zimmer 106, ruderte, fischte und erkundete die Gegend. Mit großem Realismus schildert er diese Tage in seinem Roman »A Farewell to Arms« (»In einem anderen Land«), der 1929 erschien: »I knew the barman ...«

Hier verarbeitete er die Erschütterung seiner intensiv erlebten Kriegsjahre. Im Buch ist der Protagonist Lieutenant Henry als Deserteur auf der Flucht vor der italienischen Polizei, zusammen mit seiner Geliebten, einer Krankenschwester – Hemingway selbst verliebte sich in Mailand in eine Krankenschwester. Von Stresa aus, das er in schönen Herbstfarben schildert, versuchen die beiden, in einem Ruderboot in stürmischer Nacht über den See das Schweizer Ufer bei Brissago zu erreichen.

Die Geschichte wird mit jener Authentizität erzählt, die charakteristisch ist für Hemingways Schreiben: »All you do is sit down at a typewriter and bleed.« 1927 und 1948 kehrte Hemingway als nun weltberühmter Mann wieder nach Stresa zurück und logierte – wo sonst – im Grand Hotel des Îles Borromées.

Adresse Grand Hotel des Îles Borromées, Corso Umberto I 67, I-28838 Stresa | **Anfahrt** am Lungolago von Stresa, der SS 33 | **Öffnungszeiten** täglich 19.30 – 22 Uhr | **Tipp** Am Lungolago, 100 Meter links vom Hotel, befindet sich ein Denkmal für die Toten des 11. September. Mit der Realisierung des »Twin-Tower-Monuments« beauftragte die Stadt 2002 den albanischen Künstler Ilirjan Xhixha.

99_Die Magnolie

Von der wunderbaren Langsamkeit der Flora

Vor dem Grand Hotel des Îles Borromées steht ein kugelrund geschnittener Baum mit einer dichten Krone aus glänzendem dunklem Laub. Im Mai blüht die immergrüne Magnolie weiß und prachtvoll, trotz ihres hohen Alters von mehr als 200 Jahren, von dem ihr knorrig verdrehtes Wurzelwerk zeugt.

Benannt ist sie nach ihrer großen Bewunderin, der Großfürstin Alexandra von Russland, die 1870 im Grand Hotel zu Besuch war und von der erzählt wird, dass sie vor lauter Begeisterung über das noch sehr junge Hotel ihren Namen mit einem Diamanten in eine der Glastüren ritzte. Es wird vermutet, dass die Magnolie noch um 100 Jahre älter ist als das Hotel, das 1863 erbaut wurde und sicher das prominenteste und anekdotenreichste Grand Hotel des nordwestlichen Seeufers ist.

Als im 18. und 19. Jahrhundert die reichen Familien die Schönheit des Lago Maggiore entdeckten, entstanden vor allem hier, am piemontesischen Ufer, prächtige Villen mit ausgedehnten Garten- und Parkanlagen, die den See berühmt gemacht haben. In diesem privilegierten Ambiente entfaltete sich jene so artenreiche mediterrane und exotische Pflanzenwelt, die von den Gartenbesitzern kenntnisreich aus aller Welt zusammengetragen worden war, mit dem gleichen eklektizistischen Überschwang, mit dem sie ihre Villen und Hotels planten. Diese vornehmen Pflanzen sollten nicht nur die Natur repräsentieren, vielmehr wurden sie wie Preziosen ausgestellt, für die man sich bewundern ließ.

So haben sich ganz besondere Baumpersönlichkeiten entfaltet, die ungestört zu stattlicher Größe heranwuchsen. Die Liste der Bäume, die anzusehen sich lohnt, ist lang. Sie stehen vor allem in den Gärten der Villa Taranto, der Villa Pallavicino, der Isola Madre, in Baveno und Oggebbio. Aber nicht nur großartige Bäume gibt es am Lago Maggiore. Vor allem im Frühling scheint das ganze Land auf einer rosa Kamelienwolke zu schweben.

Adresse Corso Umberto I 67, I-28838 Stresa | Anfahrt am Lungolago von Stresa, der SS 33 | Tipp »Acqua di Stresa« ist ein Kamelienduft, den es in einigen ausgesuchten Parfümerien zu kaufen gibt, etwa bei Profumo di Stresa an der Piazza Luigi Cadorna 25.

100_Die Villa Castelli

Gegenbild zu Ruhm und Pracht

Schön und elegisch ist die Ruine der Abtei, die Caspar David Friedrich ins Abendlicht malte. Und heroisch bleibt der Zerfall des Kolosseums unter der zeichnenden Hand Giovanni Battista Piranesis. Die Filmkulisse der Villa Castelli in Stresa aber ist einfach nur spooky.

Seit Jahrzehnten einer alles überwuchernden Natur preisgegeben, erahnt man kaum noch den mondänen Glanz dieser dreigeschossigen Schönheit mit ihren sechs symmetrischen Fensterreihen. Seit vielen Jahren unbewohnt und unbelebt, träumt sie am Rand von Stresa, das sich mit seinen Luxushotels an seine große Vergangenheit klammert. Ein dicht gewobener Schal von Jungfernrebe, die sich im Herbst blutrot verfärbt, rankt sich um ihre Mauern; aus dem zerborstenen Dach sprießt meterhoch das Gestrüpp. Unterwegs zu den Inseln, sieht man vom Schiff aus hinter der Uferpromenade Reste eines vegetabilen Geisterhauses aus einem Urwald ragen.

Seine Geschichte ist schnell skizziert: 1925 scheute der Ingenieur Ariberto Castelli aus Mailand weder Zeit noch Kosten, mit seinem Neubau der Villenpracht Stresas nachzueifern. Im Zweiten Weltkrieg wurde das Haus wegen seiner strategischen Lage von der Wehrmacht besetzt. Nach dem Krieg machte Castellis Schwiegersohn es zu einem Mittelpunkt des kulturellen Lebens – mit illustren Gästen wie dem Dichter Dino Buzzati. Mehrere Male wurde die Villa zum Drehort. In Dino Risis »Das rote Zimmer« von 1977 spielt sie als »Villa Cleofe« sogar die Hauptrolle des Films, in dem sich Ornella Muti auf ihrer Terrasse rekeln darf. (Vorsicht: Schon Piero Chiaras Romanvorlage ist wegen seiner Misogynie nur mit Trigger-Warnung zu lesen.)

Ende der 1970er Jahre wurde das Haus verkauft. Die neuen Besitzer parzellierten das große Grundstück, und die Villa wob sich durch die Jahrzehnte ihr Pflanzenkleid. Unbefugten ist der Zugang heute nur noch mit Machete und stoischem Gemüt anzuraten.

Adresse am Lido di Carciano, Via Sempione Nord 2, I-28838 Stresa | Anfahrt am besten zu Fuß von der Uferpromenade erreichbar | Tipp Auf einem Skulpturen-Spaziergang am Lungolago von Stresa begegnet man der »Sirenetta« aus rosa Granit, einer traurigen kleinen Meerjungfrau, oder dem »Monumento al Mulo«, dem Maultier-Denkmal, für den »bescheidenen Helden« der Bergwelt. Geführt von einem bronzenen Gebirgsjäger, ist es mit einem schweren Kanonenrohr beladen.

101__Die Winde

Unterwegs zu den Inseln des Lago Maggiore

Oft stürzt er nur für eine kurze Stunde vom Montorfano herunter, stürmt quer durch die Bucht hinaus auf den See, peitscht das Wasser, scheucht einen auf dem Weg zur Isola dei Pescatori unter Deck. Draußen beginnt die Fahne mit dem vierteiligen Wappen der italienischen Handelsmarine laut im Wind zu knattern.

Das ist der Mergozzo, dem schon der selige Alberto zum Opfer gefallen wäre, hätte Santa Caterina nicht geholfen. Doch nach einem Stündchen in den engen Gassen der Fischerinsel gleitet das Schiff schon wieder über einen besonnten See nach Stresa zurück, als könnte ihn nichts aus der Ruhe bringen.

Alles hat seine Zeit, und so gerinnt Geschichte zu Orten. Wo aber verorten wir die Winde des Lago, diese ungestümen Gesellen ohne Anfang und Ende? Wo kräuselt die Tramontana aus dem Norden den See, lässt ihn erschauern? Wo blähte einst die eisige Böe des Munscendrino das Segel einer *inglesina* unterm Monte Ceneri? Wo streichelt die Inverna aus dem Süden kommend eine bloße Schulter? Fragen, die am ehesten die im Warten geübten Fischer beantworten können.

Den Ursprung der Tramontana finden wir im kalten Norden jenseits des Alpenhauptkamms. Als kalter Wind, der von den Bergen herabbläst, ist sie der Fallwind des Südens. Aber vielleicht entstehen die Winde ja auch in den Backöfen von Cannobio, sodass sich noch auf der anderen Seeseite in Luino der Brotduft unter der Nase sammelt – wie Piero Chiara zu berichten weiß. Den Maggiore, den Valmaggino, den Marenco hören wir im Klappern der Yachten vor Stresa oder unter raschelndem Strohgeflecht – wie der Dichter Vittorio Sereni, der den Winden, apodiktisch wie keiner sonst, die Macht über das Entstehen von Ort und Zeit zuschreibt: »Il vento che illumina le vigne, già volge ai giorni fermi queste plaghe …« – »Und der Wind, der die Weingärten erleuchtet, schon dreht er das Land in die stillen Tage …«

Adresse Schiffsanlegestelle, Corso Umberto I 2, I-28838 Stresa | **Anfahrt** regelmäßige Schiffsverbindung zu den Borromäischen Inseln, Parkplätze direkt am Hafen, an der Seestraße SS 33 | **Tipp** Der Kastanienpfad (Sentiero dei Castagni) führt mit vielen Ausblicken über alte Treppenwege und Saumpfade von Stresa nach Belgirate. Der Acht-Kilometer-Spaziergang beginnt direkt an der Seepromenade und ist schattig genug, damit Wanderer sich selbst im Sommer wohlfühlen.

102 Die Pulverfabrik

Frauenarbeit für den Tunnelbau am Montblanc

250 lange Meter begleitet eine Straße am Hang von Taino das Fabrikgebäude. Wo die Ruine der Pulverfabrik erste Blicke nach innen freigibt, laden Verbotsschilder und ein heruntergetretener Zaun in ein einst explosives Traumland ein. Hohe Brennnesseln zerstechen Gesichter, Dornen nackte Arme, Schlingpflanzen fesseln den Schritt. Doch nach wenigen Metern ist der Weg plötzlich frei. Breite Pfade zwischen wuchernden Ruinen und vermoosten Hallen öffnen sich unter lockenden Vogelrufen.

Und coole Graffitis zeugen von einer selbstbewussten Aneignung der Fabrik durch Tainos Jugend – eine Möglichkeit, die den Arbeiterinnen der Pulvermühle wohl kaum gegeben war, als die Manager am Mailänder Stammsitz von Montedison die Fabrik 1972 schlossen und das riesige Gelände dem Zerfall überließen. Ein zutiefst patriarchalisches System regierte die Provinz.

Von *lotta continua* und Arbeitskampf wie im fernen Turin konnte frau nicht mal träumen. An ihre Stelle trat hilflose Trauer. An jenem 25. November 1972, so notierte die Stadtchronistin Laura Tirelli, ging die 53-jährige Carla Ghiringhelli zum Friedhof, wo die 35 Opfer der großen Explosion von 1935 – unter ihnen ihre Mutter – begraben waren. »Ihr habt euch umsonst geopfert!«

Als 15-Jährige hatte sie das 1914 errichtete Werk am Rand der Ortschaft erstmals respektvoll betreten. Die *polveriera* forderte Ehrfurcht. Denn viel ist in Tirellis Interviews vom Stolz der Arbeiterinnen die Rede, die unter akuter Lebensgefahr ihre tägliche Arbeit taten. Serena Mira zum Beispiel. Allein in einem Käfig, beobachtete sie täglich acht Stunden lang den dünnen, mit hochexplosivem Pulver bestreuten Draht – bestimmt für den Tunnelbau am Montblanc. Wenn er brach, steckte sie ihre Hände ins Teerbad und befestigte ihn erneut.

Verletzungen und Verstümmelungen waren in der Fabrik nicht direkt an der Tagesordnung, aber erzählen konnten alle von ihnen.

Adresse Polveriera, Via Campaccio, I-21020 Taino | Anfahrt von Angera über die Via Angera (später Via di Sesto Calende), links in die Via Campaccio nach Taino, 1. Straße rechts (ohne Namen) | Tipp Letztes Zeugnis der einst lebendigen Arbeiterkultur ist die Sammlung von Dokumenten der Ortsgeschichte, die sich in einem kleinen Raum an der Via Europa findet. Wertvollstes Exponat: ein Fotoalbum des bekannten Dokumentarfilmers Luca Comerio, in dem die Gründung der Pulverfabrik 1914 dokumentiert ist (So 15–18 Uhr).

103 Die vier Himmelsrichtungen

Kunst und Astronomie im Zwiegespräch

Es braucht nur fünf Autominuten vom *lago* bis nach Taino im waldigen Hügelland der Provinz Varese. Und doch geht der Blick von hier schon weit über den See mit der Burg von Angera hinaus auf das mächtige, schneeglänzende Massiv des Monte Rosa. Vor diesem suggestiven Panorama hat der italienische Bildhauer Giò Pomodoro (1930–2002) im Jahr 1991 eine steinerne Skulpturengruppe mit einem erstaunlich unzeitgemäßen Programm errichtet: den Ort der vier Himmelsrichtungen – *Il luogo dei quattro punti cardinali*.

Aus regionalem weißen, grauen und rosa Granit gehauen, stehen die geometrischen Figuren auf einem quadratischen Sockel im Stadtpark in komplexen astronomischen Beziehungen zueinander. Aus dem Zentrum ragt ein 8,5 Meter hoher Monolith mit dem Zeichen des Sonnengottes Apoll, dem Delphin. Als Schattenstab zeigt der rechteckige helle Pilaster exakt am 21. Juni mittags die Sommersonnenwende an. Auf seinem höchsten Stand wirft Helios durch eine schmale Öffnung seinen Lichtstrahl und erleuchtet für einen kurzen magischen Augenblick eine in seinen Schatten gestürzte Säule.

Dem aufrechten Pfeiler als männlichem Prinzip antwortet dialogisch ein halbmondförmiges Wasserbecken als weibliches Symbol. Eine Kugel im Süden steht für die energiespendende Sonne, die es dem Menschen ermöglicht »OPUS«, Kultur, zu erschaffen. Ein geborstener Architrav und erodierte Steinbrocken hingegen symbolisieren die vergehende Zeit. Das eingravierte »AD SIDERA« ermahnt uns, den Blick auf die Sterne zu richten – die Unendlichkeit. Ein paar Meter abwärts, durch die auf dem Rasen plaudernde, rauchende Dorfjugend, lässt sich anschließend an einer langen Tafel – Gipfel für Gipfel – das Alpenpanorama am Horizont bestimmen. Und links hinter dem Skulpturenpark führt eine schöne Allee alter Bäume zum einstmals sehr ansehnlichen Palazzo Serbelloni.

Adresse Parco di Taino, Via Oreste Paietta, I-21020 Taino | **Anfahrt** von Angera über die SP 48, etwa 3 Kilometer | **Öffnungszeiten** jederzeit zugänglich | **Tipp** An der Via Marconi steht ein Brunnen, der als Pferdetränke genutzt wurde und dessen Becken aus einem römischen Sarkophag aus dem 2. Jahrhundert nach Christus besteht. Die Pferde zogen die Karren mit den Trauben aus den Weinbergen in die Distilleria Rossi d'Angera.

104_Der Parco Eisenhut

Gewidmet der Kamelie, der Blumenkönigin am See

Der junge Botaniker und Magnolienspezialist Otto Eisenhut hat 1955 für wenig Geld ein steil zum See hin abfallendes Grundstück gekauft und darauf einen ganz der Kamelie gewidmeten Park angelegt. Hier findet man sowohl die größte Konzentration als auch die größte Vielfalt an Kamelienarten in ganz Europa. Zahlreiche Feste werden im März zu Ehren der schönen Blume gefeiert: im Visconti-Schloss in Locarno, in der eleganten Villa Giulia in Pallanza, die der Familie Fernet-Branca gehört, in den Villen Taranto, Anelli und San Remigio.

Besonders vielfältig ist die Kameliensammlung im Botanischen Garten der Isola Madre, von der einige Exemplare schon ein ehrwürdiges Alter aufweisen, wie die »Camellia Pink Rosea«, die vor 130 Jahren gepflanzt wurde, und die schöne »Hagoromo«, die älteste Pflanze Japans. In Italien waren die Borromäer die Ersten, die den Strauch auf ihre Insel holten. Kamelien lieben das milde Klima am Lago Maggiore, sie fürchten keinen Frost und beginnen schon im Spätwinter zu blühen.

1739 wurde die Pflanze, die zur Familie der Teestrauchgewächse gehört, aus Ostasien zunächst nach England gebracht. Carl von Linné, der im 18. Jahrhundert die immer noch gültige Nomenklatur für Pflanzen schuf, benannte die Kamelie 1753 nach dem Missionar und Naturforscher Josef Georg Kamel (1661–1706), der auf den Philippinen wirkte und erste Zeichnungen der Pflanze anfertigte.

Schon bald nach ihrem Erscheinen wurde sie zur Modeblume und begeisterte adlige und großbürgerliche Familien, die sie in ihren Gärten anpflanzten. 1848 schrieb Alexandre Dumas seinen Roman »Die Kameliendame« über seine große, früh verstorbene Liebe, eine Kurtisane, die als Geschenk nur Kamelien annahm. Über 20 Mal wurde der Roman verfilmt, unter anderem mit Sarah Bernhardt und Greta Garbo. Giuseppe Verdi schuf »La Traviata«, eine der erfolgreichsten Opern der Musikgeschichte, als Hommage an – die Kamelie.

Adresse Giardino Botanico Gambarogno, Via Parco Botanico 21, CH-6575 Piazzogna | Anfahrt von Vira Richtung Piazzogna / Vairano, Park zwischen Piazzogna und Vairano | Tipp Reto Eisenhut, der Sohn des Gründers, betreibt heute eine Baum- und Pflanzenaufzucht in unmittelbarer Nähe. Dort können die noch kleinen Pflanzen bewundert und erworben werden.

105 Die Alpe Prà

Zeichenlesen in der Wildnis

Wer waren sie, diese Menschen, und was war ihre Botschaft hier oben – ausgerichtet auf ein Panorama der Superlative? Hatten die rätselhaften, in den Stein gemeißelten Schälchen und Rinnen eine Funktion und, wenn ja, welche? Sicher ist, dass sie zu einer Reihe prähistorischer Relikte gehören, die im Val Grande zu finden sind, ob als Kultort, Sternbild, beides zusammen oder etwas ganz anderes. Eine der Felszeichnungen ziert als Nationalpark-Logo die Fassade des Ostello im Dörfchen Cicogna, anderthalb Stunden weiter unten gelegen – ein besonders netter Ort für müde Wanderer!

Nach Cicogna, in das einzige Dorf im Val Grande, das den Eingang in diese größte Wildnis des Alpenraums bildet, führt ein gewundenes Sträßchen hinauf. Zwischen dem 13. und dem 20. Jahrhundert stiegen hier die Kleinbauern im Frühling zu ihren gepachteten Almen auf. Ein extrem hartes Leben; nur mit Ziegen oder wenigen Kühen gehörten sie zu den Ärmsten im Land.

In Cicogna, das heute 15 Einwohner hat, wo einst 800 Menschen lebten, beginnt auch die Strada Sutermeister. Der Schweizer Unternehmer Carlo Sutermeister setzte sich um 1890 zum Ziel, die Hänge um den Rio Pogallo zu industrialisieren. Heute Wander-, damals Erschließungspfad, der den Arbeitern das Leben erleichterte, ist der Plattenweg ein Beispiel für die hocheffiziente Ausbeutung des Buchenwaldes, dessen Stämme sogar per Seilbahn zum See transportiert wurden. 1954 war der Berg kahl gerodet, und die Bauern verdingten sich in der neu angesiedelten Stahlindustrie.

Die Natur hat sich die verlassenen Almen zurückerobert, mit einem Pionierwald aus Birken, Pappeln und Ahorn sowie stickstoffliebenden Pflanzen wie Alpenampfer und Brennnesseln. Auf den alten Terrassen überwuchert der Wald die Almhütten. Ihre Mauern zeugen von der harten Arbeit mit dem afrikanischen Paragneis, der hier rund zehn Kilometer südlich der Insubrischen Linie vorherrscht.

Adresse Ostello del Parco, Via Borgonuovo 2, I-28801 Cicogna | **Anfahrt** mit der Fähre von Laveno nach Intra, am San-Bernardino-Flüsschen hinauf bis Rovegro, ab dort SP 62 nach Cicogna | **Tipp** Beachten Sie im Val Grande, zum Beispiel in Rovegro, Cicogna oder Pogallo, die Erinnerungsorte an die Ermordeten des *rastrellamento*, der grausamen Verfolgungsjagd der Nazis und Faschisten auf die Partisanen, die hier tapfere Gegenwehr leisteten.

106 Al Borducan

Ein Orangenlikör für die Einigung Italiens

Der junge Davide Bregonzio, ein Apotheker vom Sacro Monte, schloss sich 1860 dem Freiheitskämpfer Garibaldi und seinem »Zug der Tausend« an. Diese Freiwilligentruppe, die sogenannten Rothemden, schifften sich in Genua ein, um Sizilien von der Herrschaft der spanischen Bourbonen zu befreien und dem Königreich Sardinien-Piemont einzugliedern. Dies war ein wesentlicher Schritt hin zur nationalen Einigung, die 1861 mit der Ausrufung des Königreichs Italien als konstitutionelle Monarchie durchgesetzt und 1870 vollendet wurde.

Davide hatte zuvor als Kräuterspezialist ätherische Öle und medizinische Wirkstoffe aus einheimischen Pflanzen extrahiert und aromatische Essenzen hergestellt. In Sizilien lernte er bisher unbekannte Pflanzen kennen und war begeistert von all den neuen Aromen und Düften. Als die Mission erfüllt war, reiste er nach Algerien weiter. Wieder zu Hause und immer noch überwältigt vom intensiven Geschmack der Orangen, machte er sich daran, einen Likör zu kreieren, der zwei Welten vereinen sollte: die süßen Orangen aus dem Süden und die herben Kräuter des Campo dei Fiori, des »Blumenbergs«, seiner Heimat. Der »Borducan«, eine lautmalerische Annäherung an das arabische Wort für Orange, sollte eine Hommage an die italienische Einigung sein. Das Geheimnis des goldenen Likörs mit einem geringen Alkoholgehalt von 25 Prozent wurde nie preisgegeben. Nur so viel wird verraten: »Si mette a macerare la scorza di arancia in alcol puro per un anno …« – »Man lasse die Orangenschalen ein Jahr lang in reinem Alkohol ziehen …«

1872 eröffnete Davide ein Café in Santa Maria del Monte, das sich bald zu einem Kultort von Varesinern und Touristen entwickelte, die ab 1909 mit der Zahnradbahn heraufkamen. Die Erben ließen 1924 die Jugendstilvilla »Al Borducan« bauen, am Hang mit Panoramablick. Sie wird als kleines Hotel geführt und setzt abends mit unzähligen brennenden Kerzen auf Romantik.

Adresse Hotel Ristorante Al Borducan, Via Beata Moriggi Caterina 43, Santa Maria del Monte, I-21100 Varese, www.hotelalborducan.com | **Anfahrt** aus Varese den Schildern zum Sacro Monte folgen, an der Kreuzung zur Kirche Santa Maria del Monte, ab dort mit der Zahnradbahn, der *funicolare* | **Öffnungszeiten** täglich außer Di 8.30–23 Uhr, Mi ab 15 Uhr, unbedingt reservieren; phantastisches Essen | **Tipp** Die Wallfahrtskirche Santa Maria del Monte auf 883 Metern ist Ziel und Höhepunkt des schönen Wallfahrtswegs Sacro Monte di Varese, einer der neun *Sacri Monti* im Alpenraum. Er führt entlang der Kapellen mit ihren lebensgroßen bemalten Terrakottafiguren. In bewegten Szenen erzählen sie die Geheimnisse des Rosenkranzgebetes. Seit 2002 UNESCO-Weltkulturerbe.

107 Die Sammlung Panza

Internationale moderne Kunst mit Ortsbezug

Die quirlige Stadt Varese, auf einem Hügel gelegen, hat ihren eigenen See: den Lago di Varese. Das Wort für Wasser, *vara*, stammt aus dem Keltischen, die wasserreiche Region ist seit 3.000 Jahren besiedelt. Betritt man den Innenhof der Villa aus dem 18. Jahrhundert, steht man vor einer ausladenden, eleganten Wasserschale aus Stahl, in der sich neben dem Himmel auch Teile des Gebäudes spiegeln. Dort ist seit Anfang der 1960er Jahre die weltberühmte Sammlung des Kunstsammlerpaars Giuseppe und Giovanna Panza di Biumo zu Hause.

Der aus Mailand stammende Jurist Giuseppe Panza entdeckte in den frühen 1950er Jahren seine Leidenschaft für die Kunst, die ihn bald zu ausgedehnten Reisen ins aufregende Amerika der Minimal Art, der Land-Art und der Pop-Art animierte. Das Paar besuchte die Künstler in ihren Ateliers in Los Angeles und New York und kaufte mit präzisem Blick unter Beratung des Galeristen Leo Castelli so viel Kunst, dass die Familie in Italien sich schon Sorgen machte – zumal die amerikanische Moderne dem italienischen Geschmack dieser Zeit diametral entgegenstand.

Der unbeirrbare, stille und an den philosophischen Fragen der konzeptuellen, raumbezogenen Kunst interessierte Sammler lud die Künstler nach Varese ein, um gemeinsam Zeit zu verbringen und den Ort mit bleibenden Werken zu versehen: Dan Flavin, Robert Irwin und James Turrell schufen um 1970 im Seitenflügel des Schlosses eine Folge von Werken, aus farbigem Neonlicht und radikalen Raumeingriffen bestehende Installationen, die nicht nur für Kunstexperten zum Schönsten und Beeindruckendsten zählen, was es in Europa an nichtmusealer Kunst zu sehen gibt. James Turrell hat hier 1976 seinen ersten »Skyspace« realisiert, einen Architekturausschnitt, der ein Himmelsquadrat einfasst, das sich jede Sekunde verändert und so real wie abstrakt den Himmel zum absoluten Bild erklärt.

Adresse Villa Menafoglio Litta Panza, Piazza Litta 1, I-21100 Varese, www.panzacollection.org | **Anfahrt** ins Zentrum von Varese und über kleine Sträßchen zur Piazza Litta, 20 Minuten zu Fuß | **Öffnungszeiten** täglich außer Mo 10–18 Uhr | **Tipp** Ein weiterer »Skyspace« von James Turrell befindet sich im Engadiner Bergdorf Zuoz, rund um das Kurhotel Castell. Ein Tipp für all jene, die sich für besondere Kunstorte interessieren.

108 Santa Maria del Monte

Die Weite und das Nahe

Schon im Altertum und in fast allen Weltregionen wurden Berggipfel als heilige Wohnorte der Götter verehrt, prominentestes Beispiel ist der griechische Olymp. Nicht so hoch, nämlich nur 883 Meter über dem Meer, liegt der Sacro Monte von Varese auf einem steil abfallenden Gipfel des Campo dei Fiori, des Blumenbergs. Will man hinauf, kann man sich getrost mitnehmen lassen vom Rhythmus der Treppenstufen, dem eigenen Atem und Tempo vertrauend, von Kapelle zu Kapelle, 14 an der Zahl – und ist dabei so gut wie nie allein. Oben angekommen, schweift der Blick über die Poebene zum Apennin, zu den Seealpen und zum Monte Rosa, bei klarer Sicht sogar bis zum Meer bei Genua!

Das erste Marienheiligtum hier oben soll der heilige Ambrosius, Bischof von Mailand, um 350 nach Christus erbaut haben – als Dank an die Muttergottes für ihre Hilfe im Kampf gegen die ketzerischen Arianer.

Neben dem Portal von Santa Maria del Monte steigt man eine Treppe hinab in die hell ausgeleuchteten Gänge unter der Kirche, tastet zunächst über gläserne Böden, die Mauer- und romanische Gräberreste um das Jahr 1000 nach Christus schützen. Am Ende der Ausgrabungsstätten gelangt man in die frühromanische Kirche mit ihren Rippengewölben und massigen Pfeilern, in die sich der rohe Fels gewaltsam hineindrängt.

Die Krypta – in diesem Fall sollte man eher von Urkirche sprechen – wird auf das 5. bis 6. Jahrhundert datiert. Nur mittels eines Stützgerüsts hält sie dem Druck der 72 Tonnen des darüberliegenden Hauptaltars stand. Fein ausgeführte Fresken bebildern den kleinen Raum. Sie stammen wohl von lokalen Künstlern, die nur wenig an den stilistischen Moden ihrer Zeit interessiert waren, weshalb die zeitliche Einordnung den Experten Schwierigkeiten bereitet. Wahrscheinlich zwischen dem 13. und 15. Jahrhundert gemalt, blicken uns die Heiligen eindringlich in die Augen, ihrer Präsenz entkommt man in der Enge kaum.

Adresse Casa Parrocchiale, Via Assunzione 21, I-21100 Varese | Anfahrt aus Varese den Schildern zum Sacro Monte folgen, an der Kreuzung hinauf zur Kirche Santa Maria del Monte, ab dort mit der Zahnradbahn, der *funicolare*; oder mit Bus C vom Stadtzentrum auf den Berg | Öffnungszeiten Besuch der Krypta auf 10 Personen beschränkt, Tickets im Museum, Infos unter info@sacromontedivarese.it | Tipp Hoch oben auf dem Campo dei Fiori, noch über Santa Maria del Monte, steht ein imposantes, weitgehend verlassenes Grandhotel, das um 1910 vom damaligen Stararchitekten Giuseppe Sommaruga im italienischen Jugendstil, dem *Liberty*, erbaut wurde. Heute ist es immer wieder Kulisse für Filme und Musikclips.

109 Die Stiftung Morandini

Konkrete Kunst in Schwarz und Weiß

Die Freundschaft mit den anonymen Mäzenen Karl und Karin ermöglichte es dem Künstler Marcello Morandini im Jahr 2022, sich einen lang gehegten Wunsch zu erfüllen: noch zu Lebzeiten ein Museum und eine Stiftung – mitten in Varese – ins Leben zu rufen. In einem Film im Erdgeschoss der feinen dreistöckigen Zanotti-Villa erzählen die einstigen Besitzerinnen vom Verkauf der 1907 erbauten Sommerresidenz an die Familie Morandini und der so behutsamen wie radikalen Renovierung im Zeichen ihrer neuen Bestimmung, einer Integration der Werke in ihre neue Umgebung.

Marcello Morandini, gelernter technischer Zeichner, später Kunststudent an der Mailänder Accademia di Brera, kam 1964 zu ersten Erfolgen, als ihn Germano Celant entdeckte, einer der wichtigsten Kunsthistoriker und Kuratoren des 20. Jahrhunderts. Dieser prägte nicht nur den Begriff Arte Povera, sondern kuratierte auch die Biennale von Venedig, auf der Morandini 1968 erst 27-jährig ausstellte, nachdem er im Jahr zuvor schon auf der Biennale von São Paolo präsent gewesen war. Wenn er in seinem Leben etwas bedauert habe, sagt seine Frau Maria Teresa, die engagiert in der Stiftung arbeitet und freundlich alle Fragen beantwortet, dann wohl, diesen frühen Erfolg damals nicht mehr genossen zu haben.

Durch sein Schaffen ziehen sich die Antagonisten in Schwarz und Weiß, als endlose Suche nach Spannung und Bewegung im Statischen, in der Schnittmenge der seit dem Bauhaus einander näher gerückten Disziplinen Kunst, Architektur und Design. Selbst Mathematik und die Magie der rhythmischen Variation fokussiert Morandini in seinem umfangreichen Werk – auch im öffentlichen Raum. Teile davon sind hier zu sehen, und die permanente Installation wird mit ständigen Wechselausstellungen ergänzt – zum Beispiel mit Werken Konkreter Poesie von Eugen Gomringer, einem langjährigen Freund: ping pong – ping pong ping – pong ping pong – ping pong.

Adresse Fondazione Marcello Morandini, Via Francesco del Cairo 41, I-21100 Varese, www.fondazionemarcellomorandini.com | Anfahrt ins Zentrum von Varese, Parkplätze in der Nähe der Giardini Pubblici | Öffnungszeiten Fr, Sa, So 10–12.30 und 15–18 Uhr | Tipp In unmittelbarer Nähe der Stiftung Morandini an der Via Luigi Sacco liegt die Parkanlage »Giardini e Palazzo Estensi« aus dem Jahr 1765. In seiner Anlage Schönbrunn nachempfunden, ist der Park ein Fundort seltener Pflanzen (täglich 8–18 Uhr).

110 Il Maggiore – das CEM

Endlich ein Kulturzentrum!

Das Kulturzentrum Il Maggiore wurde auf einer Landzunge am Stadtrand von Verbania gebaut. Beim Anlegen mit der Fähre aus Laveno schält es sich wie ein seltsamer Bovist aus der Landschaft.

Seit 2016 existiert diese auffällige Konstruktion mit vier Gebäudeteilen aus mattgrauem Titanblech, Glas und Beton. Auf steinigem Untergrund gebaut, an der Mündung des San-Bernardino-Flüsschens, das aus dem Val Grande kommend hier in den Lago mündet, passt sich das Gebäude den changierenden Farben des Sees und des Himmels an.

Der Gebäudekomplex, für den eine Gruppe von Architekten um den Spanier Salvador Pérez Arroyo verantwortlich zeichnet, soll uns an Kieselsteine denken lassen, die wie zufällig am Seeufer herumliegen. Wundersamerweise beherbergt das Theaterhaus zwei rechteckige Säle: für 500 beziehungsweise 200 Gäste. Zusammen mit dem Foyer entsteht sogar ein Raum für 1.000 Besucher! Im Freien erweitert sich das Gebäude zu einer leicht zum See hin abfallenden Bühne. Vor weiten, halbkreisförmigen Granitstufen ist der Vorhang immer geöffnet – die Performance gibt der Lago Maggiore selbst. Das 20 Millionen Euro teure Multifunktionsgebäude ist das Ergebnis eines internationalen Wettbewerbs, der ausgeschrieben wurde, um einen Mangel im gesamten Verbano – dem Gebiet um den Lago Maggiore – zu beheben. Das CEM ist ein Bekenntnis zur Kultur in der Region. Es kann deshalb nicht nur als großer Schritt im Prozess der städtebaulichen und landschaftlichen Neugestaltung des Seeufers betrachtet werden, in den auch die Villa Maioni, die Bibliothek, der Strand und die Außentreppe einbezogen werden.

Der vom Architekten Fabrizio Bianchetti entworfene Garten in drei gestaffelten Ebenen orientiert sich an den Arbeiten des französischen Biologen und Botanikers Patrick Blanc, des Begründers des vertikalen Gartens, eine Maßnahme zur ökologischeren Bepflanzung der Innenstädte.

Adresse Via San Bernardino 49, I-28922 Verbania | **Anfahrt** ab Laveno mit der Fähre, dann auf die SS 34 von Intra nach Verbania | **Öffnungszeiten** Infos unter www.ilmaggioreverbania.it | **Tipp** Vor dem Konzert ist der Besuch im Spezialitätenladen »La Casera« von Eros Buratti in Intra (Piazza Ranzoni 19) ein Muss. Buratti ist Käseverfeinerer, ein alter Beruf mit langer Tradition auf den piemontesischen Almen. Das Bistro bietet kleine Tische zum Probieren der Spezialitäten – mit einem guten Glas Wein (bis 22 Uhr).

111 Der Kopf des Belenus

Ein Wassergott und ein Held der Lüfte

Aus dunklem Speckstein gearbeitet, wie er in dieser geologisch einmaligen Region vorkommt, wird der »Il Mascherone« (große Maske) genannte Kopf auf das 3. Jahrhundert vor Christus datiert. Er gilt als wohl wichtigstes Werk keltischer Kunst im Piemont und war vermutlich Teil einer Kultstatue, die entweder den Waldgott Cerunnos oder den Wassergott Belenus darstellte – oder sind gar beide in einem Antlitz vereint? Die Gesichtszüge oberhalb des gebogenen Schnurrbartes, die gerade Nase und die ovalen Augen sind als Symbole eines Baumes lesbar, die seitlichen Locken stehen vermutlich für bewegtes Wasser. Als er später aus einer Brunnenwand herausgebrochen wurde, wurde sein Mund leider beschädigt.

Vogogna liegt 30 Kilometer vom Lago entfernt am Rand des Val Grande. Von der Vereinigung »I borghi piu belli d'Italia« (Die schönsten Dörfer Italiens), die sich um die Pflege und Förderung vor allem mittelalterlicher Orte kümmert, wurde es in seine Liste aufgenommen. Die Dorfstruktur mit den eng aneinandergeschmiegten Häusern um den Brunnen als Zentrum ist perfekt erhalten. Gewundene Gässchen führen hinauf zum Castello Visconteo. Erbaut im 14. Jahrhundert von Bischof Giovanni Visconti, dem damaligen Landesherrn, ist hier ein feines Museum eingerichtet, in dem der »Mascherone« im Kontext einer Ausstellung über die Kelten der Region eine Weile zu Gast war. Nun ist er wieder in den historischen Ortskern, den gotischen Palazzo Pretorio von 1348, zurückgekehrt.

In die Lüfte geht es in Vogogna übrigens mit dem peruanisch-französischen Piloten Jorge Chávez Dartnell, der 1910 als Erster mit seinem Eindecker von Brig aus den Alpenhauptkamm überquerte. Bei der Zwischenlandung in Domodossola lösten sich die strapazierten Tragflächen und klappten zusammen. Chávez hat den Aufprall leider nicht überlebt. Mit einem Denkmal wird er im Ort geehrt, gilt der Luftfahrtpionier doch als Held.

Adresse Palazzo Pretorio, Piazza Pretorio, I-28805 Vogogna | Anfahrt vom Lago di Mergozzo kommend auf der E 62 am Toce entlang Richtung Domodossola | Tipp Zur Rocca aus dem 9. Jahrhundert geht es auf einem gut ausgeschilderten Saumpfad hinter dem Castello hinauf. Ein paar Biegungen weiter kann man eine besonders schöne Stelle der plattentektonischen Überlagerung der Kontinente Afrika und Europa bewundern.

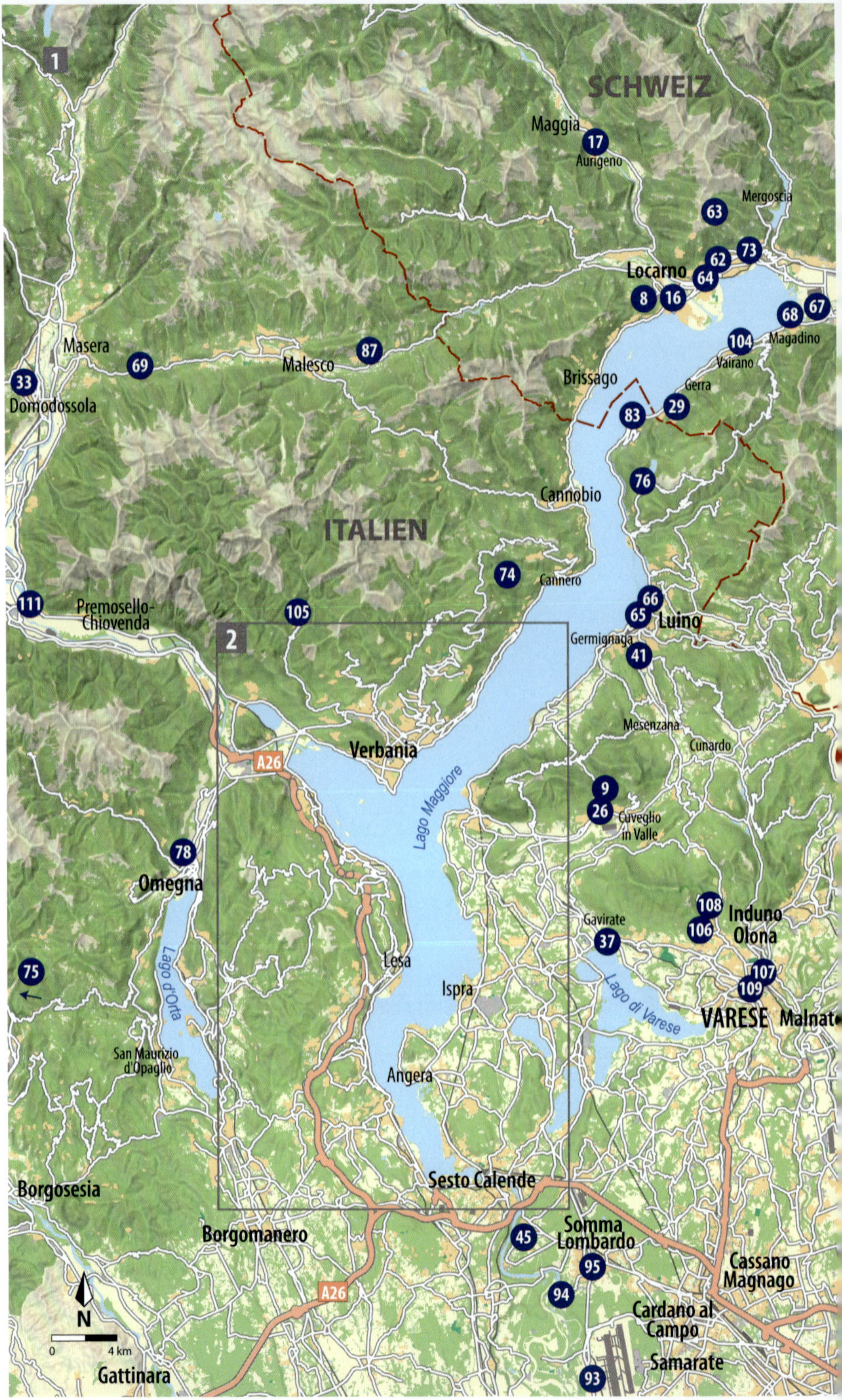

1
SCHWEIZ
Maggia
17
Aurigeno
Mergoscia
63
73
62
Locarno
64
8
16
68
67
104
Magadino
Vairano
Masera
87
69
Malesco
33
Domodossola
Brissago
Gerra
83
29
76
Cannobio
ITALIEN
74
Cannero
111
Premosello-
Chiovenda
105
66
65
Luino
2
Germignaga
41
Mesenzana
Verbania
A26
Cunardo
Lago Maggiore
9
26
Cuveglio
in Valle
78
Omegna
108
Induno
Olona
Gavirate
106
37
Lesa
Lago d'Orta
75
Ispra
107
109
Lago di Varese
VARESE
Malnate
San Maurizio
d'Opaglio
Angera
Sesto Calende
Borgosesia
Borgomanero
45
Somma
Lombardo
95
Cassano
Magnago
A26
94
Cardano al
Campo
N
0
4 km
Gattinara
Samarate
93

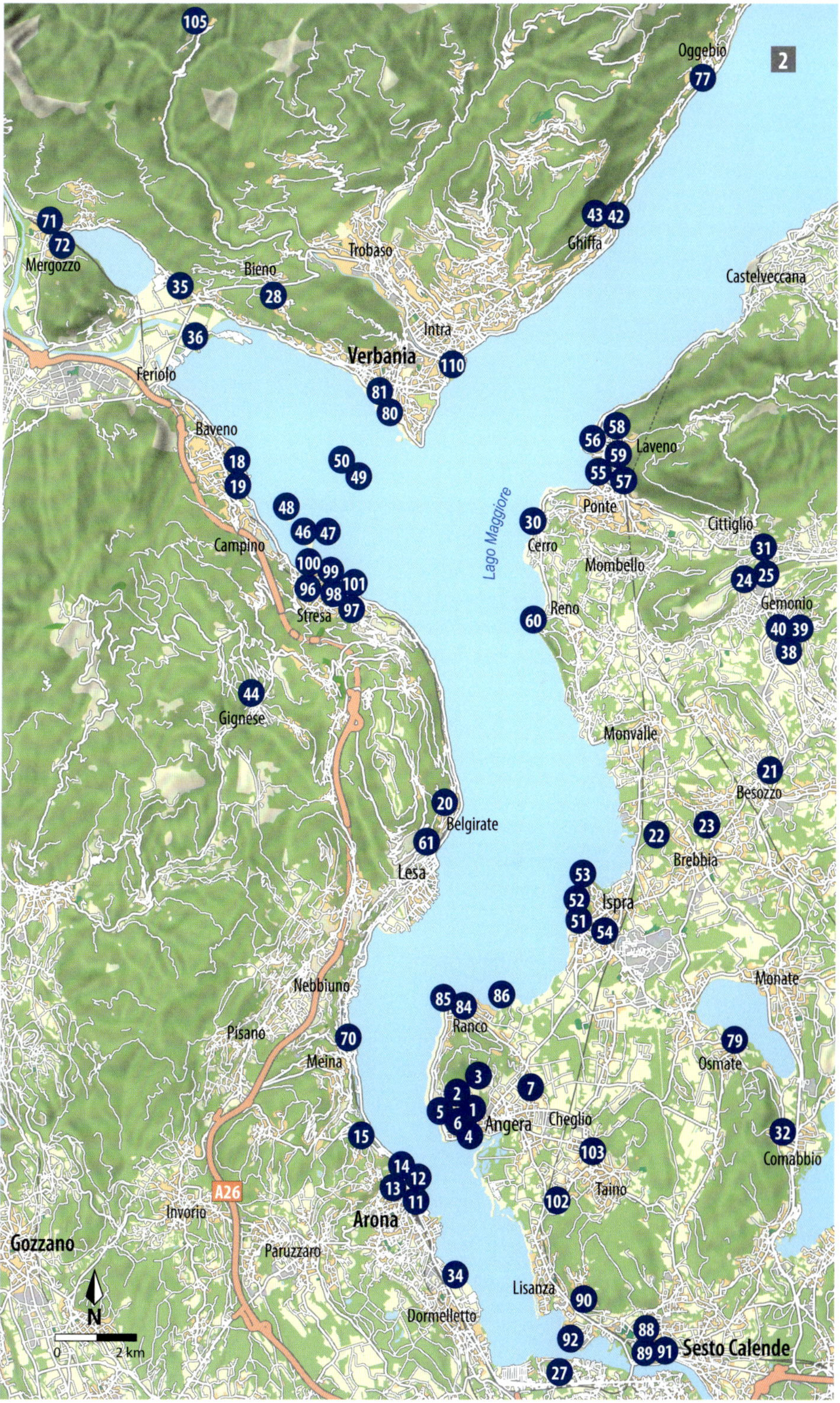

2
Oggebio
Ghiffa
Castelveccana
Trobaso
Mergozzo
Bieno
Intra
Verbania
Feriolo
Baveno
Laveno
Ponte
Cerro
Mombello
Cittiglio
Gemonio
Reno
Campino
Stresa
Lago Maggiore
Gignese
Monvalle
Besozzo
Belgirate
Lesa
Brebbia
Ispra
Monate
Nebbiuno
Ranco
Pisano
Meina
Osmate
Angera
Cheglio
Comabbio
Taino
A26
Invorio
Arona
Gozzano
Paruzzaro
Lisanza
Dormelletto
Sesto Calende
N
0
2 km

Katharina Hohmann,
Fritz von Klinggräff,
Ambroise Tièche
111 Orte in Genf, die man gesehen haben muss
ISBN 978-3-7408-0835-8

Daria Rizzello
111 Orte in Apulien, die man gesehen haben muss
ISBN 978-3-7408-1860-9

Jörg Dauscher
111 Orte in Bozen, die man gesehen haben muss
ISBN 978-3-7408-1897-5

Gisela Hopfmüller, Franz Hlavac
111 Genüsse in Friaul und Julisch Venetien, die man probiert haben muss
ISBN 978-3-7408-2022-0

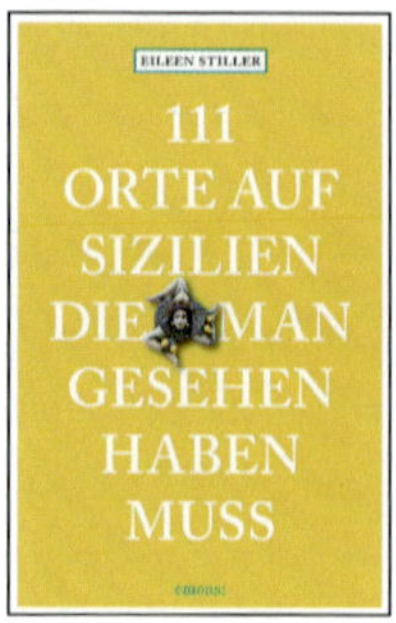

Eileen Stiller
111 Orte auf Sizilien, die man gesehen haben muss
ISBN 978-3-7408-1424-3

Giulia Castelli Gattinara
111 Orte in den Dolomiten, die man gesehen haben muss
ISBN 978-3-7408-1972-9

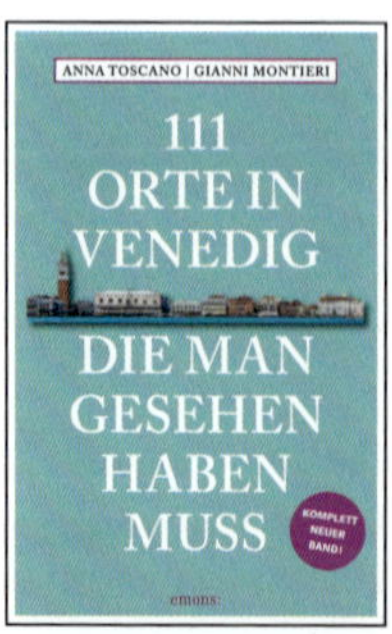

Gianni Montieri, Anna Toscano
111 Orte in Venedig, die man gesehen haben muss
ISBN 978-3-7408-1986-6

Federico Meloni, Jana Meloni
111 Orte auf Sardinien, die man gesehen haben muss
ISBN 978-3-7408-1997-2

Ulrich Kohlmann
111 Weinorte in der Toskana, die man gesehen haben muss
ISBN 978-3-7408-1741-1

Beate C. Kirchner
111 Orte in Florenz und im Norden der Toskana, die man gesehen haben muss
ISBN 978-3-7408-1630-8

Annett Klingner
111 Orte in Rom, die man gesehen haben muss
ISBN 978-3-7408-1628-5

Peter Eickhoff
111 Südtiroler Gasthäuser, die man kennen muss
ISBN 978-3-7408-0137-3

Beate Giacovelli
111 Orte am Comer See, die man gesehen haben muss
ISBN 978-3-7408-1201-0

Max Fleschhut
111 Orte auf Elba, die man gesehen haben muss
ISBN 978-3-7408-0587-6

Franz Hlavac, Gisela Hopfmüller
111 Orte in Friaul und Julisch Venetien, die man gesehen haben muss
ISBN 978-3-7408-0575-3

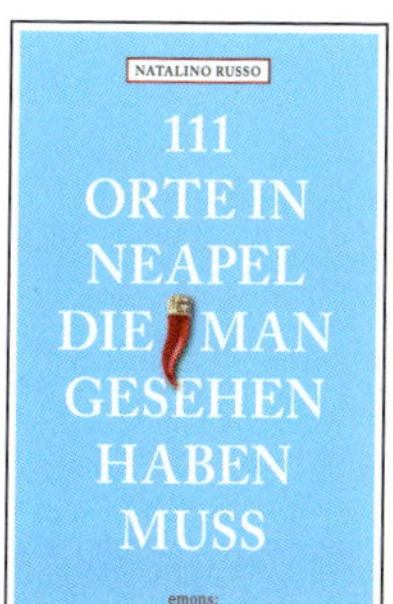

Natalino Russo
111 Orte in Neapel, die man gesehen haben muss
ISBN 978-3-7408-0478-7

Petra Sophia Zimmermann
111 Orte am Gardasee und in Verona, die man gesehen haben muss
ISBN 978-3-95451-344-4

Alessandro Martini, Maurizio Francesconi
111 Orte in Langhe, Roero und Monferrato, die man gesehen haben muss
ISBN 978-3-7408-0474-9

Marx de Morais
111 Orte in Turin und im Piemont, die man gesehen haben muss
ISBN 978-3-95451-736-7

Fabrizio Ardito
111 Orte in Umbrien, die man gesehen haben muss
ISBN 978-3-7408-0238-7

Dietlind Castor
111 Orte am Bodensee, die man gesehen haben muss
ISBN 978-3-7408-2232-3

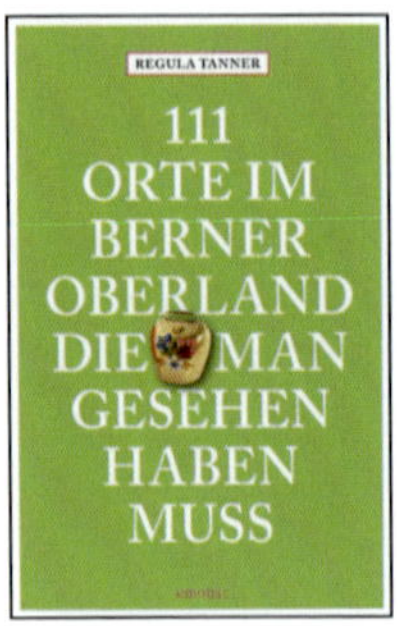

Regula Tanner
111 Orte im Berner Oberland, die man gesehen haben muss
ISBN 978-3-7408-2199-9

Silvia Schaub, Nina Kobelt
111 Orte rund um den Säntis, die man gesehen haben muss
ISBN 978-3-7408-2041-1

Silvia Schaub
111 Orte im Engadin, die man gesehen haben muss
ISBN 978-3-7408-1999-6

Cornelia Lohs
111 Orte in Bern, die man gesehen haben muss
ISBN 978-3-7408-2000-8

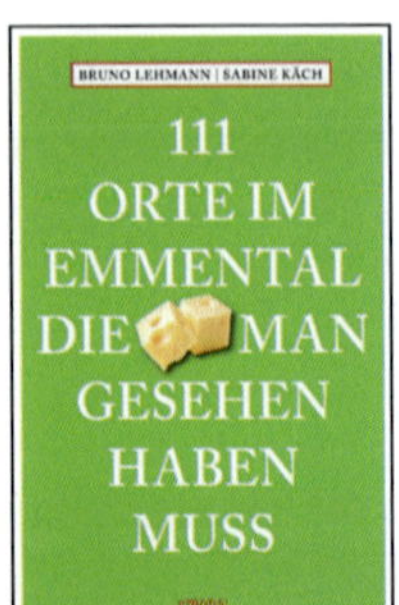

Bruno Lehmann
111 Orte im Emmental, die man gesehen haben muss
ISBN 978-3-7408-1517-2

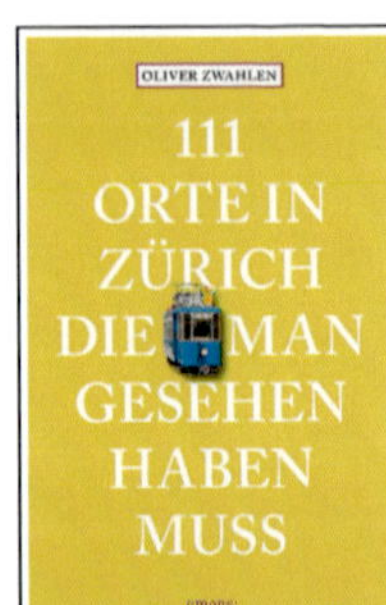

Oliver Zwahlen
111 Orte in Zürich, die man gesehen haben muss
ISBN 978-3-7408-1381-9

Nina Kobelt, Silvia Schaub
111 Orte in St. Gallen, die man gesehen haben muss
ISBN 978-3-7408-1447-2

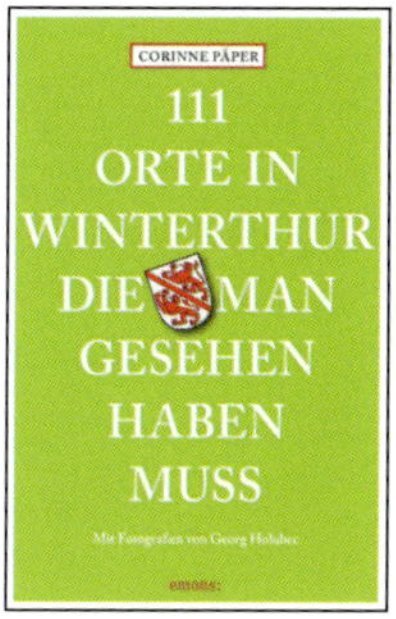

Corinne Päper
111 Orte in Winterthur, die man gesehen haben muss
ISBN 978-3-7408-1691-9

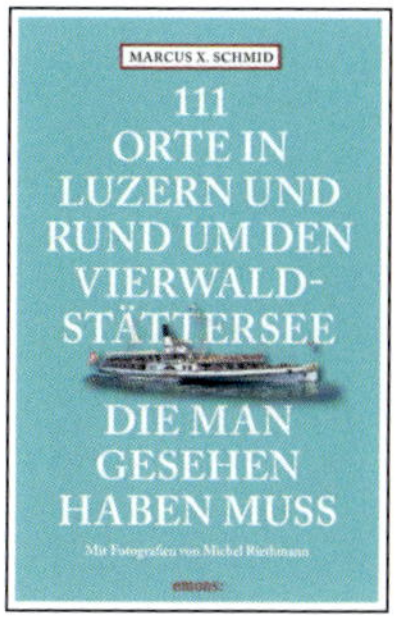

Marcus X. Schmid
111 Orte in Luzern und am Vierwaldstättersee, die man gesehen haben muss
ISBN 978-3-7408-1811-1

Marcus X. Schmid
111 Orte im Herzen des Jura, die man gesehen haben muss
ISBN 978-3-7408-1364-2

Benjamin Amiguet, Marc Voltenauer
111 Orte in den Waadtländer Alpen, die man gesehen haben muss
ISBN 978-3-7408-1466-3

Franziska Weyer
111 Orte rund um den Genfersee, die man gesehen haben muss
ISBN 978-3-7408-1215-7

Christian Löhden
111 Orte in Graubünden, die man gesehen haben muss
ISBN 978-3-7408-1551-6

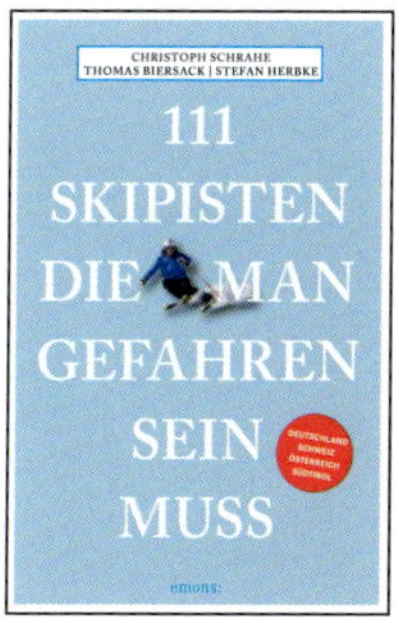

Christoph Schrahe, Stefan Herbke, Thomas Biersack
111 Skipisten, die man gefahren sein muss
ISBN 978-3-7408-1600-1

Pierre Thomas
111 Schweizer Weine, die man getrunken haben muss
ISBN 978-3-7408-1301-7

Petra Koci
111 Orte im Kanton Glarus, die man gesehen haben muss
ISBN 978-3-7408-1066-5

Christof Gasser, Barbara Saladin
111 Orte im Kanton Solothurn, die man gesehen haben muss
ISBN 978-3-7408-0975-1

Silvia Götschi
111 Orte in Nidwalden, die man gesehen haben muss
ISBN 978-3-7408-0566-1

Sonja Muhlert
111 Orte in und um Biel/Bienne, die man gesehen haben muss
ISBN 978-3-7408-0340-7

Ursula Kahi
111 Orte im Aargau, die man gesehen haben muss
ISBN 978-3-95451-537-0

Barbara Saladin
111 Orte in Baselland, die man gesehen haben muss
ISBN 978-3-7408-0122-9

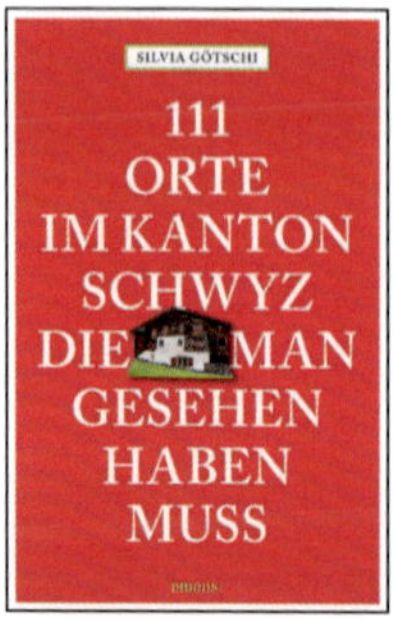

Silvia Götschi
111 Orte im Kanton Schwyz, die man gesehen haben muss
ISBN 978-3-7408-0116-8

Kristof Halasz
111 Orte in Vorarlberg, die man gesehen haben muss
ISBN 978-3-7408-2016-9

Susanne Gurschler
111 Orte in Tirol, die man gesehen haben muss
ISBN 978-3-7408-2030-5

Dank an
Anneliese Meister für ihre stetige Begleitung und Tipps, die gemeinsamen Fahrten und ihre kommentierte Erstlektüre; Carolina Hohmann für schöne Fotos und den Hinweis auf das Denkmal für das Periodensystem in Ispra; Foto Sangalli in Laveno-Mombello für das Foto vom Feuerwerk (Ort 55); Christa Baumbacher für den Hinweis auf die Lage der Glauser-Mühle; Herrn Rickelbacher für seine Ausführungen über den Schmuggel am See; Francesco Cerrutti, den Bürgermeister von Ranco, für Informationen zur Fischaufzucht; Tim Shaw für zwei aufschlussreiche Tage hoch über dem Lago Maggiore – und allen jenen, bekannt oder unbekannt, die uns geführt und die mit uns gesprochen, oder auf andere Weise unsere vielen Fragen beantwortet haben.

Insa Hohmann zog als junge Kunsthistorikerin von München an das Südostufer des Lago Maggiore. In diesem Band verbindet sie ihr immenses Kulturwissen mit ihrer sechzigjährigen Lebenserfahrung mit dem See und seinen Ufern.

Katharina Hohmann (Jahrgang 1964) ist Künstlerin, Ausstellungsmacherin und Lehrende. Sie leitet seit 2007 den Studiengang Option Construction an der Haute Ecole d'Art et de Design in Genf. Sie war von 1999 bis 2005 künstlerische Mitarbeiterin der Fakultät Gestaltung an der Bauhaus Universität in Weimar.

Fritz von Klinggräff (Jahrgang 1959) ist Autor und Journalist in Genf. Außerdem arbeitet er als Deutschlehrer an der Genfer Stiftung für Erwachsenenbildung Ifage und als Leiter des hiesigen Goethe-Prüfungszentrums.